Los derechos de padres solteros

Los derechos de padres solteros

Jacqueline D. Stanley
Abogada

SPHINX® PUBLISHING
AN IMPRINT OF SOURCEBOOKS, INC.®
NAPERVILLE, ILLINOIS
www.SphinxLegal.com

Primera edición: 2007

Publicado por: **Sphinx® Publishing, impresión de Sourcebooks, Inc.®**
Naperville Office
P.O. Box 4410
Naperville, Illinois 60567-4410
630-961-3900
Fax: 630-961-2168
www.sourcebooks.com
www.SphinxLegal.com

Esta publicación está destinada a proporcionarle información correcta y autorizada en relación con la temática del libro. Por lo cual, esta obra se vende con el entendido de que la editorial no se compromete a suministrar servicios legales o contables, ni ningún otro tipo de servicios profesionales. Si se requiere asesoramiento legal u otro tipo de consulta profesional, se deberán contratar los servicios de un profesional competente.

Cita textual de una Declaración Conjunta de Principios aprobada por un comité de la Asociación Americana de Colegios de Abogados y un comité de editoriales y asociaciones literarias.

Este libro no reemplaza la ayuda legal.
Advertencia requerida por las leyes de Texas.

Library of Congress Cataloging-in-Publication Data
Stanley, Jacqueline D.
[Unmarried parents' rights (and responsibilities). Spanish]
Los derechos de padres solteros / por Jacqueline D. Stanley. — 1. ed.
  p. cm.
ISBN-13: 978-1-57248-601-0 (pbk. : alk. paper)
ISBN-10: 1-57248-601-5 (pbk. : alk. paper)
1. Single parents—Legal status, laws, etc.—United States—Popular works. 2. Parent and child (Law)—United States—Popular works. I. Title.

KF547.Z9S7318 2007
346.7301'7—dc22

                                              2007009021

Printed and bound in the United States of America.

VP — 10 9 8 7 6 5 4 3 2 1

Índice

Introducción

Este libro está diseñado para ser un manual o guía practica para personas que tienen hijos nacidos fuera del matrimonio. Este libro puede ayudar a un padre o a una madre a entender y hacer respetar sus derechos, ya sea que el padre o madre decidiese representarse a sí mismo o acudir a un abogado. A pesar de que este libro no tiene en mente a los padres divorciados, la mayoría de los conceptos aquí expuestos en relación a la custodia infantil, derechos de visita, y a la manutención, también se pueden aplicar a los padres divorciados. Por otro lado, los padrastros constituyen un grupo único, y el tratamiento que se da a sus derechos se encuentra más allá del objeto de estudio de esta obra.

En esta obra, he prescindido, lo más posible, de la teoría jurídica y del lenguaje legal. Por ende, no entra en discusión lo que la ley debería ser. Más bien, este libro constituye una guía practica de lo que dice el derecho vigente en esta materia y cómo funciona el ordenamiento legal en este aspecto.

Derechos de los padres

Existen dos fuentes básicas de derechos de los padres:

1. La constitución de los Estados Unidos y
2. Las leyes de cada estado.

Cada una de estas fuentes es complementada por las decisiones de las cortes federales y estatales.

En general, mientras no se demuestre la existencia de
abuso o negligencia, el gobierno no puede interferir con la
manera en que criamos a nuestros hijos. Es más, la
Constitución de los Estados Unidos habla de los principios de
la libertad individual, los cuales han sido interpretados jurí-
dicamente como derechos que otorgan a los padres cierto
grado de privacidad con sus hijos. Dentro de estas limitaciones constitucionales, cada estado tiene la autoridad de
desarrollar leyes y procedimientos respecto a la relación entre
un padre o una madre y su hijo. Por ejemplo, cada estado
puede determinar los medios por los cuales se puede establecer la paternidad; cómo un juez puede determinar la
custodia; y bajo qué circunstancias se pueden coartar o
terminar los derechos de los padres.

Aunque es cierto que los derechos varían de estado a
estado, existen tres fundamentos que se mantienen invaria-
bles a lo largo y ancho de este país:

1. Los padres tienen derecho a tener una relación con sus
   hijos, ya sea a través de una custodia formal o de los
   derechos de visita;
2. Los padres tienen una obligación de mantener a sus
   hijos en la medida de sus posibilidades; y,
3. Un padre no debe descuidar a un hijo ni abusar de él.

Este libro está diseñado para guiarlo a través del
proceso de descubrimiento de sus derechos y de cómo
aplicarlos si fuese necesario.

Los derechos de los padres generalmente incluyen uno
o más de lo siguientes:

◆ el derecho a cuidar de su hijo;
◆ el derecho a la posesión física o custodia de su hijo;

◆ el derecho a determinar qué es lo más conveniente para su hijo;

◆ el derecho a ejercer control sobre las amistades y relaciones de su hijo y sobre donde vivirá;

◆ el derecho a decidir dónde y cómo será educado su hijo;

◆ el derecho a tomar decisiones médicas o sobre la salud de su hijo y en su nombre;

◆ el derecho a decidir la fe y las prácticas religiosas de su hijo; y,

◆ el derecho a guiar y disciplinar a su hijo.

Todo lo cual no implica que usted tiene derecho a hacer lo que quiera con su hijo. Los padres tienen el derecho de ejercitar el cuidado, la custodia y el control sobre sus hijos sólo hasta cierto punto. Los derechos de los padres pueden ser restringidos por las leyes estatales diseñadas para proteger a los niños del abuso y de la negligencia. Asimismo, el derecho de uno de los padres puede ser inhibido por el derecho del otro padre. Por ejemplo, el derecho de uno de los padres a ejercer la tutela o posesión física de su hijo puede ser inhibido por el derecho del otro padre a visitas veraniegas o de fin de semana. Sin embargo, bajo circunstancias normales, los padres que actúen razonablemente estarán libres de cualquier interferencia por parte del gobierno.

Desde un punto de vista legal, los derechos paternales de la madre comienzan al momento de la concepción. Por otro lado, los derechos de un padre soltero comienzan al momento de la determinación de la paternidad y, en algunas circunstancias, en el momento en que el padre tiene razones para creer que él es el padre y actúa consecuentemente para ejercer sus derechos como padre (lo cual también puede ocurrir inmediatamente después de la concepción).

Los padres no necesitan acudir a los tribunales para obtener sus derechos—ellos tienen derechos por el mero hecho de ser padres. Sin embargo, ellos tal vez tengan que acudir a los tribunales para ejercer algunos de sus derechos, lo cual puede constituir una larga y dura batalla.

Cómo utilizar este libro

La mejor manera de utilizar este libro es comenzando por leerlo de principio a fin. Esto lo ayudará a determinar qué se aplica a su situación específica y qué es irrelevante para usted. Una lectura a profundidad de este libro también tiene la ventaja de ayudarlo a distinguir aquello que usted creía saber de lo que realmente dice la ley. Asimismo, pondrá en evidencia lo que usted desconoce y, de esta manera, le ayudará a determinar cuándo necesita usted acudir a un abogado, a la oficina del secretario del tribunal, o a la biblioteca jurídica.

Recuerde que la amenaza u obstáculo más grande a ejercer sus derechos como padre o madre es el desconocimiento de los mismos. La segunda amenaza u obstáculo más grande la constituye el no emprender acciones para ejercer dichos derechos. Este libro lo ayudará a remontar el primer obstáculo. Defenderse contra la segunda amenaza depende de usted.

El capítulo 1 habla de cómo el hecho de ser un padre soltero puede afectarlo a usted y a su hijo. El capítulo 2 discute sus responsabilidades generales en calidad de padre, ya sea casado o soltero. El capítulo 3 explica los conceptos básicos del ordenamiento legal en relación con los padres solteros. Este capítulo puede ayudarlo a obtener mayor información acerca de las leyes y los procedimientos específicos de su estado. El capítulo 4 lo ayuda a decidir si usted necesita recurrir a un abogado. Si usted decide que quiere contratar los servicios legales de un abogado, la información proporcionada en este capítulo lo ayudará a trabajar más de cerca con su abogado. Los capítulos 5 al 9 explican en mayor detalle los diversos procedimientos jurídicos disponibles a los padres solteros.

Capítulo uno

La condición de padre soltero

El criar hijos emocionalmente saludables y socialmente competentes es uno de los trabajos más difíciles del mundo. Constituye una enorme hazaña para ambos padres, y un reto aún mayor para un padre o una madre soltera. Sin embargo, el hecho de que esto sea difícil no lo hace imposible. Ya sea que la decisión de ser un padre o una madre soltera haya resultado de su propia voluntad o de la imposición de otros, usted debería estar conciente de que no está solo. Más de 119 millones de hogares en los Estados Unidos son encabezadas por padres solteros.

Cuatro hábitos de padres solteros sumamente efectivos

Existen muchos hábitos que comparten todos los padres solteros, pero solamente cuatro de estos se diferencian de los demás por ser los que unen a los padres solteros sumamente efectivos.

#1: Mantenga expectativas realistas

Una vez que usted tenga hijos, su vida, como usted la conoce, nunca volverá a ser igual. Por lo cual, no es realista intentar aferrarse a la rutina y estilo de vida que usted tenía antes de tener un hijo. Antes del nacimiento de su hijo, a lo mejor era posible que usted duerma hasta tarde los fines de semana, le hagan una manicura cada semana, o que usted se vaya, espontáneamente, a pasar un fin de semana con sus amigos. La paternidad de los padres solteros los obliga a reorganizar sus planes y prioridades.

#2: Sepa que es normal que alguna vez se sienta agobiado

Los hijos son muy exigentes. Ellos constituyen un compromiso que dura veinticuatro horas al día y siete días a la semana. Cuanto más jóvenes sean, los niños dependerán más de usted para obtener la satisfacción de todas y cada una de sus necesidades. A medida que crecen, ellos se vuelven más independientes, pero las exigencias que le hagan a usted no harán más que incrementarse. El estrés asociado con la crianza de los hijos puede ser abrumador, pero no se desespere—el sentirse agobiado es un sentimiento que usted comparte con todos los demás padres del mundo. A veces es tentador pensar que, porque usted se siente agobiado, debe estar haciendo algo mal o que usted no sirve como padre o madre soltera. Cuando ocurran estos episodios de intranquilidad, es importante recordarse a sí mismo que usted no tiene nada de malo y que es perfectamente normal sentirse ocasionalmente, agobiado por las exigencias que emergen de la crianza de los niños como padre o madre soltera.

#3: Nadie está contento con su suerte

Evite la trampa de decirse a sí mismo que si sólo pudiese contar con un cónyuge todos sus problemas se resolverían. Mientras que pudiese ser verdad que algunos de sus problemas se aliviarían estando casada, siempre habrá retos respecto a la crianza de los hijos. Es un desperdicio inútil de su valiosa energía estar mirando todo el tiempo a sus vecinos casados y deseando cambiar de lugar con ellos. Su energía estaría mejor invertida si la utiliza en encontrar soluciones a los retos que usted confronta.

#4: Acepte sus circunstancias

Sus hijos están atentos a cada uno de sus movimientos. Si usted asume sus circunstancias, es probable que ellos acepten las suyas. Si usted alberga en su interior vergüenza u odio acerca de su vida, entonces, esto será lo que ellos vean y asuman en consecuencia.

Trabaje para crear una vida que a usted le guste con pasión. Usted y sus hijos no se merecen nada menos. Por esto es importante que usted continúe desarrollando y persiguiendo sus sueños y objetivos. El hecho de que usted es un padre o madre soltera no significa que su vida tiene que estar maniatada—sus sueños todavía pueden tomar alas y volar. Mientras que a algún nivel esto le pueda parecer egoísta, usted debe recordar que, de esta manera, usted está creando una guía de ruta que sus hijos probablemente seguirán en la organización de sus vidas.

¿Qué hacer con su vida amorosa?

¿Qué sucede si usted conoce a alguien y quiere comenzar a salir con esa persona? No hay nada en la ley que prohíba a un padre soltero salir en citas con otra persona. Sin embargo, pregúntese: tener una relación amorosa ¿es lo mejor para el interés de su hijo? Esa es la pregunta que el tribunal le hará en caso de que su situación amorosa deba ser debatida por algún motivo en una audiencia judicial. Por lo tanto, esa es la pregunta que usted debe plantearse antes de tomar una decisión acerca de comenzar a salir con alguien. Si en cualquier momento se suscitara un conflicto entre lo que usted desea y el interés superior de su hijo, este último siempre debe prevalecer sobre el otro.

Asimismo, a pesar de que el tribunal no tiene la potestad de decirle a usted con quién debería o no debería involucrarse, si usted quiere aumentar las probabilidades de que la persona con quien usted está saliendo no pueda ser cuestionada, el sentido común le dicta evitar involucrarse con el siguiente tipo de personas:

1. Aquellas que tiene antecedentes criminales, en especial aquellas que hubiesen sido acusadas de una ofensa contra un menor de edad.
2. Aquellas personas que abusan del alcohol o de las drogas.
3. Aquellas que se rehúsan a discutir su pasado.
4. Aquellas que son físicamente, verbalmente o emocionalmente abusivas.
5. Aquellas que tienen hijos por los cuales no se responsabilizan desde un punto de vista económico.
6. Aquellas que le hacen demandas que interfieren con su habilidad de cuidar de sus hijos.
7. Aquellas que no comparten sus principales valores morales y religiosos.
8. Aquellas que no respetan su rol de padre soltero.
9. Aquellas a quienes no les gustan los niños.
10. Aquellas que intentan socavar su relación con sus hijos.

Tres hábitos de padres sumamente responsables que salen con otras personas

Así como en el caso de los padres solteros sumamente efectivos, existen ciertos otros hábitos que los definen como padres solteros sumamente responsables que salen con otras personas.

#1: Evite las relaciones libres

A pesar de que vivimos en una sociedad donde la gente es libre de hacer lo que mejor le plazca, los tribunales a menudo pueden ser bastante conservadores en cuanto a sus decisiones respecto al bienestar de los hijos. Estar con una persona diferente cada semana, y exponer a sus hijos a esa relación, es algo que podría ser utilizado en su contra en caso de que usted se vea obligado a pelear por la custodia de sus hijos en los tribunales.

#2: Adopte la regla de los tres meses

No responde al interés superior de su hijo, que éste se encariñe de alguien para que después se le arranque esta figura de su vida cuando su relación termine. Por esto, puede resultar prudente que usted adopte la regla de no presentarle a su hijo cada una de las personas con las que usted sale. Usualmente, es una buena idea esperar hasta que usted este seguro de su relación antes de involucrar a su hijo. El tiempo que usted debería esperar depende de sus circunstancias particulares. Sin embargo, esperar tres meses debería darle una indicación muy clara respecto a si vale o no la pena involucrar emocionalmente a su hijo con la persona con quien esta saliendo en ese momento.

#3: Siga una política de "si no le preguntan no comente"

La cantidad de información que usted elija divulgar acerca de su relación será dictada por la edad y la madurez de su hijo. Como regla general, es una buena idea dejar que su hijo sea el que le dé la pauta, y evite ofrecerle más información de la que él o ella requiere.

Usted deberá reasegurar a su hijo, indicándole que, a pesar de que usted está viendo a otra persona, el lugar que él ocupa en su corazón está asegurado. Recuérdele a su hijo que nadie puede tomar su lugar. Mientras esté viendo a otra persona, destine cierto tiempo exclusivamente para pasarlo a solas con su hijo llevando a cabo actividades que él o ella disfruta, y haga todo lo que fuera necesario para asegurarse que su nueva relación no interferirá con los compromisos que ha asumido con su hijo.

¿Qué pasa con la convivencia?

¿Es correcto que su novio o novia se mude con usted y su hijo? Existen dos razones por las cuales los tribunales tienden a menospreciar este tipo de arreglos. La primera es que, como se mencionó anteriormente, los tribunales tienden a ser muy conservadores respecto a decisiones judiciales que tendrían un impacto negativo en el bienestar de un hijo menor de edad. En segundo lugar, no faltan historias que circulan acerca de niños que han sido abusados física o sexualmente por el novio o novia de su progenitor cuando éste vive con ellos. Ya que en la mayoría de estos casos el culpable es un varón, los tribunales tienden a investigar y escudriñar aquellas situaciones donde la madre cohabita con su novio con mucho más cuidado que aquellos casos de padres solteros en situaciones similares. A pesar de que esta doble moral por parte de los tribunales es injusta, hasta que cambien las cosas, usted debe regir su comportamiento tomando en cuenta estas consideraciones.

El sostener este punto no implica sugerir que si su novio o novia se muda a su casa, usted estará automáticamente sujeto a perder la custodia de sus hijos a favor del padre demandante. Estas son determinaciones que se hacen caso por caso. Algunos factores que los tribunales considerarán al evaluar si su decisión de vivir con su novio o novia está en el interés superior de su hijo son los siguientes:

◆ La cantidad de tiempo que usted lleva saliendo con esa persona. Cuanto más tiempo haya estado con ella, mejor. Permitir que alguien que usted conoce solamente por unas cuantas semanas comience a vivir con usted y sus hijos puede hacer que el tribunal cuestione sus decisiones.

◆ La edad de los hijos. Cuantos más años tengan sus hijos, mejor. Los tribunales tienden a creer que los hijos más jóvenes son más vulnerables a los efectos negativos de una relación que no funciona.

◆ Su estabilidad personal. Si usted es alguien que mantiene un empleo y una residencia estable, los tribunales estarán más abiertos a confiar en su buen juicio sobre esta situación.

◆ Las circunstancias del padre demandante. Cuanto menos estable sea la situación del padre demandante, mejor para usted si es que usted está pensando convivir con la persona con quien usted sale. Si el padre demandante está casado, y en todo sentido, es una persona honrada y digna de que se le otorgue la custodia, entonces el o la demandante puede tener la posibilidad de objetar su derecho a la custodia bajo estos fundamentos.

Al final, la decisión de con quién y cuándo salir en citas depende de usted. No hay nada malo con seguir lo que su corazón le dicta, siempre y cuando el mejor interés de su hijo tenga cabida y esté contemplado en este principio. A pesar de que seguramente usted terminará involucrándose en relaciones amorosas, procure siempre centrar su atención en usted y la relación con su hijo.

Las pequeñas mentes curiosas siempre querrán saber

Los niños son curiosos por naturaleza. Tarde o temprano ellos le plantearán sus preguntas respecto a sus padres ausentes. La siguiente constituye una lista de preguntas comunes que pudiesen surgir y que usted debería estar preparado para contestar.

¿Quién es mi padre o mi madre?

Es importante que usted responda a esta pregunta de una manera que sea honesta y que fomente el sentimiento general de bienestar de su hijo. Su respuesta no debe reflejar lo que usted siente acerca del padre ausente. Es posible que su hijo se quede satisfecho sólo con hechos concretos acerca del padre ausente.

Por lo tanto, su respuesta inicial a las preguntas de su hijo debe limitarse a enumerar el nombre completo del padre ausente y su ocupación. Si usted encuentra que tiene dificultades respondiendo a esta pregunta, busque ayuda profesional. Contáctese con un consejero o psicólogo de su escuela a fin de obtener el asesoramiento específico que usted necesita para responder las preguntas de su hijo de una manera que no cree ningún tipo de malestar o amargura innecesaria.

¿Dónde está mi padre o mi madre?

Responder a esta pregunta se puede reducir, simplemente, a proporcionar a su hijo la información exacta del paradero de su padre ausente. Si fuese apropiado, explíquele a su hijo que él o ella puede contactarse con el padre ausente en cualquier momento que él sienta dicha necesidad. Tal vez pueda enseñarle a su hijo cómo contactarse por teléfono con el padre ausente, o cómo mandarle un correo electrónico. El animar a su hijo a mantenerse en contacto con su padre ausente constituye uno de los actos de amor más profundos que usted, como padre, puede hacer en pro de sus hijos.

¿Por qué mi papá o mi mamá no me ama?

Un niño, desde su óptica infantil, puede interpretar la ausencia de uno de los padres como una indicación de que ese padre no lo ama. Es importante que usted no haga o diga nada que pudiese reforzar esa interpretación. Lo óptimo sería que usted y el padre ausente puedan sentarse en la misma mesa para responder a esta pregunta de forma conjunta. Si su hijo pudiese ver que ambos padres lo quieren lo suficiente para trabajar juntos en su crianza, este hecho puede ser fundamental en la solidificación de su bienestar emocional. Sin embargo, si por algún motivo esto no fuera posible, usted necesita reasegurar a su hijo acerca del amor que su padre ausente siente por él. Explíquele que el hecho de que usted y su padre o madre no estén juntos se debe solamente al hecho de que ustedes no pudieron llevarse bien. En este sentido, recuérdele a su niño que aquello no tiene nada que ver con él o ella. Dígale a su hijo que a veces los padres pueden tener problemas que les dificultan expresar su amor de las maneras que un niño espera que se le demuestre amor. Fomente en él la idea de que puede recurrir a usted en cualquier momento que él se sienta solo o que extrañe a su padre ausente, y que comparta con usted estos sentimientos.

Signos de que su hijo requiere más ayuda de la que usted puede darle

Los niños que tienen dificultad verbalizando sus sentimientos negativos pueden expresar su frustración a través de uno de los siguientes comportamientos:

◆ exteriorizar en su conducta impulsos negativos en casa o en la escuela;
◆ la pérdida de interés en las actividades cotidianas;
◆ retirarse de los amigos;
◆ la pérdida del apetito;
◆ enuresis o inconsistencia urinaria (episodios de "mojar la cama");
◆ agresividad;
◆ pesadillas; o,
◆ berrinches, pataletas o rabietas.

Si usted nota en su hijo alguno de estos signos, puede ser una buena idea buscar ayuda profesional. Cuanto más temprano intervenga, mejores serán sus posibilidades de evitar problemas de largo alcance. Si usted no puede costear la contratación de los servicios profesionales de un psicólogo o terapeuta, entonces contáctese con uno de las siguientes personas o instituciones, a través de las cuales encontrará recursos de apoyo adicionales que pueden estar disponibles en su comunidad:

◆ pediatra;
◆ iglesia o centros y lugares de culto;
◆ consejeros escolares;
◆ departamento de servicios sociales;
◆ asociación de salud mental;
◆ departamento de recursos humanos en su lugar de trabajo;
◆ la organización "United Way";
◆ profesor o maestro;
◆ trabajador social; o,
◆ médico de familia.

También puede ser una buena idea contactarse con una organización como "Big Brothers/Big Sisters" (Hermano(a) Mayor) a fin de encontrar a un mentor para su hijo. Puede que su hijo se sienta más cómodo compartiendo sus sentimientos con un tercero. Si este fuera el caso, no lo tome a pecho—los niños frecuentemente sienten que es necesario proteger a sus padres de los sentimientos que ellos albergan en su interior respecto a uno de ellos.

Pida ayuda

No hay absolutamente nada de malo en pedir ayuda. Efectivamente, sus hijos son su responsabilidad, pero eso no significa que usted no deba solicitar ayuda cuando la necesita. El hecho de que usted esté criando a sus hijos por sí mismo no quiere decir que deba hacerlo si ayuda. Si usted tiene familiares y amigos que le ofrecen su ayuda, acéptela, agradézcala y en la medida de sus posibilidades devuélvales el favor. Si usted no cuenta con familiares o amigos que la pueden ayudar, entonces su iglesia o el centro de su comunidad pueden ayudarlo a encontrar los recursos que le den el apoyo que usted necesita.

Dependiendo de la edad de sus hijos, será necesario gestionar y proporcionarles el cuidado y supervisión apropiado mientras usted esté trabajando. Dejar a sus hijos sin supervisión es ilegal y puede hacerla vulnerable a una demanda de custodia. No es inusual que durante una demanda de custodia el padre demandante proporcione ejemplos al tribunal de instancias en las cuales a un hijo lo han dejado en casa sin supervisión por periodos extensos como evidencia de la incompetencia del padre con la custodia. Los tribunales amonestarán a aquellos padres que no provean cuidados adecuados a sus hijos. Muchos colegios, iglesias y Asociaciones Cristianas de Jóvenes (YMCA por sus siglas en inglés) proporcionan programas de actividades después del colegio a costos accesibles. Si usted se encuentra en una encrucijada, no dude en pedir a algún adolescente de su barrio o tal vez a un padre o una madre que se quede en casa y que cuide de su hijo.

Usted no les hace ningún favor a sus hijos convirtiéndose en mártir en vez de buscar ayuda. La principal función que usted debe desempeñar como padre soltero es la de administrar adecuadamente su ajetreada casa. La correcta administración de su tiempo y de sus recursos económicos es la llave para que un padre soltero viva feliz y tranquilamente.

La administración de sus recursos económicos

Si usted es la fuente de ingreso principal de su familia, es importante que usted maneje bien sus finanzas. El sólo hecho de crear un presupuesto y adherirse al mismo puede aliviar gran parte del estrés que proviene de tener las riendas del manejo de sus finanzas sin contar con la ayuda de una pareja. Otras estrategias que pueden elevar el bienestar económico y fiscal de su familia incluyen las siguientes:

◆ limitar el uso de tarjetas de crédito
◆ usar cupones de descuento cuando pueda
◆ comprar al por mayor
◆ favorecer la calidad sobre la cantidad
◆ controlar sus gastos compulsivos

Tenga en cuenta que la buena administración de los recursos es una habilidad que se puede aprender. Si usted necesita ayuda en esta área, considere tomar un curso en un instituto o colegio comunitario (community college). Asimismo, revise el directorio telefónico ('las páginas amarillas') para encontrar organizaciones que ofrezcan ayuda en esta área.

El buen empleo de su tiempo

Stephen Covey, un experto en manejo de tiempo mundialmente reconocido, ofrece en su best seller, *First Things First*, consejos prácticos acerca de como manejar su tiempo. Covey sugiere que usted primero, identifique las cosas más importantes que usted quisiera concretar cada día y, seguidamente, se haga un hábito de completar aquellas tareas antes de volcar su atención a ninguna otra cosa. La premisa básica de Covey es sencilla— usted no puede hacer todo lo que quisiera hacer cada día. Por esto es importante terminar de hacer las cosas más importantes primero. Cuando usted esté elaborando su lista de prioridades diarias, incluya en ésta un poco de tiempo que esté reservado para su cuidado personal. Descuidar su bienestar y salud no está en el mejor interés de sus hijos. El tiempo que usted se toma ejercitando, relajándose, y pasando un examen físico es tiempo bien empleado.

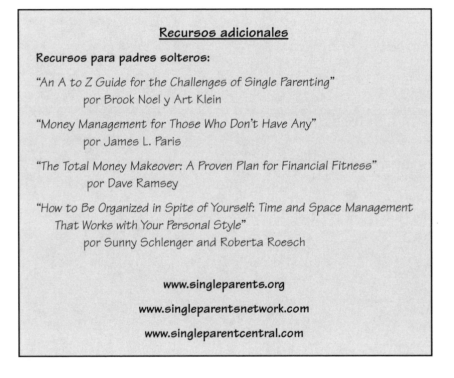

Recursos adicionales

Recursos para padres solteros:

"An A to Z Guide for the Challenges of Single Parenting"
  por Brook Noel y Art Klein

"Money Management for Those Who Don't Have Any"
  por James L. Paris

"The Total Money Makeover: A Proven Plan for Financial Fitness"
  por Dave Ramsey

"How to Be Organized in Spite of Yourself: Time and Space Management That Works with Your Personal Style"
  por Sunny Schlenger and Roberta Roesch

www.singleparents.org

www.singleparentsnetwork.com

www.singleparentcentral.com

Capítulo dos

Responsabilidades de los padres

Las responsabilidades que la ley impone sobre los padres para con sus hijos son enormes. Estas obligaciones son básicamente las mismas para los padres casados, los padres divorciados y para los padres que nunca contrajeron matrimonio. Los deberes de los padres son algunos de los muchos factores que usted debería considerar antes de tomar cualquier acción para establecer la paternidad o antes de presentar una solicitud para obtener la custodia de los hijos o derechos de visita.

Las responsabilidades legales más obvias son aquellas de proveer a los hijos con comida, vestido y un techo adecuados. Asimismo, dejar de proveer un tratamiento médico apropiado así como acceso a instrucción escolar pública, privada o en el hogar es, en la mayoría de los casos, visto como una infracción a la responsabilidad de los padres. Sin embargo, existen otras responsabilidades que podrían no ser tan obvias.

La mala conducta de su hijo o hija

Varios estados han promulgado leyes que consideran a los padres como directamente responsables por la conducta o mala conducta de sus hijos. Los siguientes son ejemplos de conducta de los hijos de la cual son responsables los padres:

- ◆ violaciones de la hora en que deben regresar al hogar en la noche (toque de queda)
- ◆ falta a clases escolares (dejar de asistir a la escuela regularmente)
- ◆ violaciones de armas y armas de fuego

◆ vandalismo
◆ actividades relacionadas con pandillas
◆ actividades relacionadas con el abuso de drogas y alcohol

Los castigos impuestos a los padres de familia pueden incluir sentencias para encarcelamiento; multas de $100 a $25.000 (dependiendo del estado y de la violación); y el recibir una orden para asistir a sesiones de consejería de familia y a clases para padres.

Los estados han tomado acciones tendientes a responsabilizar a los padres por la mala conducta de sus hijos, en reacción al crecimiento drástico en el índice de actividades criminales juveniles. Muchos creen que este crecimiento se debe, en parte, al fracaso de los padres para controlar y disciplinar a sus hijos. Por tanto, se cree que responsabilizar a los padres de esta manera es una forma de animarlos a asumir esta responsabilidad por la conducta de sus hijos.

Puede que no haya mucho que los padres puedan hacer para prevenir el ser considerados como responsables por la conducta de sus hijos. Sin embargo, debido a que la responsabilidad de los padres se basa en su fracaso en controlar y disciplinar a sus hijos, el seguir los siguientes pasos podría minimizar su responsabilidad.

◆ No ignore las señales tempranas de advertencia que indican que su hijo o hija podría estar en problemas. Por ejemplo, si su hijo llega a casa con zapatos o ropa cara, un equipo de sonido, etcétera, pero no tiene una explicación razonable acerca de dónde consiguió estos bienes o cómo es que los pudo pagar, entonces esto podría indicar que su hijo esta involucrado en una actividad ilegal. Otras señales tempranas de advertencia incluyen a un niño o niña cuyas notas caen repentinamente, o quien pierde todo interés en las actividades que el niño o la niña disfrutaba anteriormente y en los amigos con los que anteriormente se relacionaba.

◆ Intervenga a la primera señal de problemas o de conducta inapropiada. Contacte al consejero de la escuela de su hijo para que lo guíe acerca de dónde obtener ayuda.

◆ Mantenga registros por escrito de cualquier paso que usted tome para ayudar a su hijo o hija. Por ejemplo, anote cada vez que usted contacte a los servicios sociales acerca de clases para padres o cada vez que usted consulte con la policía acerca de señales de advertencia sobre el abuso de sustancias controladas o drogas. Esta información le podrá ser de utilidad si usted alguna vez es acusado de haber fracasado en la prevención o intervención a favor de su hijo con problemas.

◆ Haga lo posible para prevenir problemas. Pase tiempo con su hijo o hija. Logre que sus hijos participen en deportes organizados o en cualquier otra actividad que su hijo o hija disfruta. Manténgase al tanto de la vida de sus hijos y asegúrese que usted conozca a todos los amigos de sus hijos, además de saber qué es lo que hace su hijo cuando no está con usted.

◆ Aprenda lo más que pueda acerca de ser un padre de familia efectivo. Tome clases, asista a seminarios y forme parte de grupos de apoyo que le puedan ayudar a criar a sus hijos.

Disciplina física

Usted puede utilizar la fuerza física para disciplinar y controlar a sus hijos, siempre que lo haga de manera apropiada, razonable, y que no lleve esta fuerza al extremo del abuso. Los siguientes podrían ser identificados como señales de que su método de disciplina física no es razonable.

◆ Si usted utiliza cualquier cosa que no sea la palma abierta de la mano.

◆ Si usted golpea al niño o niña en cualquier otro lugar del cuerpo que no sea su trasero.

◆ Si usted deja marcas o moretones en el niño o niña.

◆ Si usted golpea a su hijo o hija con ira.

◆ Si usted golpea al niño o niña cuando usted esté bajo la influencia de drogas o de alcohol.

Las deudas de sus hijos

Usted no es responsable por las deudas que sus hijos pudiesen acumular. Por ejemplo, si su hijo menor de edad sale y pide un valor de $1,000 en tarjetas de béisbol de un catálogo de ordenes de venta por correo, usted no tendrá la responsabilidad de pagar la cuenta cuando ésta le llegue. Por lo general, los contratos a los que sus hijos acceden no tienen una obligación de cumplimiento legal. Esto quiere decir que los niños no pueden ser obligados a pagar bienes que han acordado comprar. Si ellos no pueden ser obligados a pagar, tampoco usted tiene la obligación de hacerlo. Sin embargo, sí pueden tener la obligación de devolver los bienes que pidieron.

La única excepción es para los bienes necesarios para la salud y bienestar de sus hijos. En la ley estos bienes se llaman "necesidades". Los padres pueden tener la responsabilidad de pagar estos bienes.

NOTA: Una "deuda", en la manera en que se utiliza en este texto, se refiere a los bienes que su hijo pueda adquirir. No se refiere al dinero que se podría deber en base a la conducta de su hijo.

Responsabilidad de los padres en caso de custodia y de no custodia

Por lo general, cualquiera de los padres que tenga la tenencia de los hijos será considerado como responsable por su conducta.

Ejemplo: *Benito y Mariposa tienen dos hijos. Nunca se casaron pero compartieron la responsabilidad de cuidar a sus hijos. Los niños viven la mayor parte del tiempo con su madre. Durante una visita un fin de semana con Benito, uno de los niños mayores tomó una de las armas de fuego de Benito y le disparó a un vecino, paralizándolo.*

Los padres no son considerados como automáticamente responsables en estos casos. Si es que Benito fue considerado como responsable en este caso depende de las siguientes tres preguntas:

1. ¿Benito cumplió con las leyes del estado en mantener una arma de fuego? Algunos estados requieren que las armas de fuego sean guardadas bajo llave en hogares donde puede haber la presencia de niños.

2. ¿El niño o niña estaba siendo supervisado de manera apropiada en el momento en que él o ella logró acceder a la arma de fuego?

3. ¿Benito tenía alguna razón para saber que el niño o niña podría usar el arma y no hizo nada para prevenir el problema?

La responsabilidad de Mariposa podría depender del hecho de que si ella sabía que podría surgir un problema con el niño utilizando el arma mientras se quedaba a cuidado de Benito, y si es que ella podría haber hecho cualquier cosa para prevenir este problema.

Llegado el momento, los hechos de cada caso dictarán el nivel de responsabilidad de un padre. Esto es por qué es difícil hacer predicciones. Usted debería saber que tanto el padre que tiene la custodia, como el que no la tiene, puede ser declarado como el responsable de la conducta del niño o niña.

Duración de la responsabilidad

Un padre de familia será responsable por la conducta de sus hijos hasta la ocurrencia por primera vez de uno de los siguientes eventos.

◆ El niño o niña llega a una mayoría de edad, la cual típicamente varía entre los 16 y 20 años de edad, dependiendo del estado.

◆ Los derechos de los padres son terminados por una corte.

◆ El niño o niña ya no se encuentra bajo la custodia del padre de familia. (Si el hijo no se encuentra bajo su custodia legal, se presume que usted no tiene ningún control sobre la conducta de su hijo. Recuerde, el decir que los padres son responsables por el comportamiento de sus hijos se basa en la inhabilidad o rechazo del padre de asumir el control.)

◆ El niño o niña es trasladado para estar bajo la custodia de una agencia protectora de la infancia.

◆ El hijo se emancipa, lo cual quiere decir que el niño o niña se considera legalmente como un adulto. Esto puede suceder si uno de los siguientes ocurriera.

• El niño o niña se casa. (Si un hijo ingresa en un matrimonio válido, la mayoría de los estados reconocerán esta ceremonia como la emancipación de su hijo o hija.)

• Si su hijo o hija se une a la milicia o a los militares.

• El niño o niña es emancipado a través de las acciones de la corte. (En algunos estados, un niño o niña puede presentar un procedimiento de la corte pidiendo ser emancipado. La mayoría de los estados tienen una edad mínima en la cual un menor de edad puede presentar esta solicitud. El menor de edad debe ser lo suficientemente maduro para ser autosuficiente financieramente. Usted no puede simplemente emancipar a su hijo simplemente al retirarlo de su hogar, aún si él o ella se mantiene por si mismo. Usted aún podría ser responsable por su conducta, a pesar de retirar al menor de su hogar. Usted también podría correr del riesgo de ser acusado de abandono o abuso por la agencia de bienestar de menores estatal.)

Capítulo tres

El sistema legal y los padres solteros

Existen algunas cosas que usted necesita saber acerca del sistema legal para poder hacer cumplir sus derechos y sobrellevar cualquier desencuentro con el sistema legal con un mínimo de estrés. Este capítulo le otorga una introducción general al sistema legal. También discute cómo se supone que el sistema debe funcionar, y algunas de las realidades de nuestro sistema. Si usted no aprende a aceptar estas realidades, usted deberá aceptar el hecho de que usted se está preparando para pasar por muchísimas frustraciones.

La teoría versus la realidad

Nuestro sistema legal es un sistema con tres tipos de reglas.

1. Reglas Legales—Éstas proporcionan el sustento básico de la ley, tal como una ley que estipula cómo un juez decide cuál padre debería ser otorgado la custodia.
2. Reglas de Procedimiento—Estas reglas definen cómo se manejarán los asuntos en las cortes, tal como el requerimiento de que los documentos de la corte se encuentren en cierto formato, o sean presentados dentro de un límite específico de tiempo.
3. Reglas de Evidencia—Estas reglas requieren que se prueben los hechos de una manera específica.

La teoría es que estas reglas permiten que cada parte presente la evidencia más favorable para su caso, y que una persona o personas independientes (el juez o jurado en casos que permiten un jurado) puedan deducir la verdad. Entonces, ciertos principios legales serán aplicados a aquella verdad, lo cual resultará en la resolución justa de la disputa entre las partes.

Se supone que estos principios legales son relativamente inalterables cosa que todos podamos saber lo que ocurriría en una situación dada y podamos planificar nuestras vidas de acuerdo a estos principios. Estos lineamientos proporcionan orden y un carácter previsible a nuestra sociedad. Cualquier cambio en los principios legales se supone debería ocurrir lentamente, para que el comportamiento esperado en nuestra sociedad no se confunda de día a día.

Desafortunadamente, el sistema no siempre funciona de esta manera. Los siguientes son solamente algunos de los problemas en el sistema legal.

El sistema no es perfecto

Al contrario de lo que podría parecer, las reglas legales no son promulgadas solamente para complicar el sistema y confundir a todos. Su intención es de lograr que el sistema sea lo más justo y equitativo posible. Estas reglas han sido desarrolladas a lo largo de cientos de años y tienen sentido en la mayoría de los casos. Desafortunadamente, nuestros esfuerzos para encontrar equidad y justicia han resultado en un complejo juego de reglas. El sistema legal afecta nuestras vidas en maneras importantes. No es un juego, aunque podría ser comparado a un juego in algunos casos. Las reglas son diseñadas para poder ser aplicadas a todo tipo de personas, en todas las situaciones. Las reglas no siempre otorgan un resultado justo; sin embargo, aún siguen siendo cumplidas. Así como un arbitro puede tomar una decisión errónea, lo mismo le puede pasar a un juez. Existen también casos en los cuales una parte puede ganar por medio de fraude o engaño.

Los jueces no siempre siguen las reglas

Muchos jueces toman una decisión simplemente en base a lo que ellos piensan que sea justo bajo las circunstancias. Desafortunadamente, lo que podría parecer justo a un juez específico podría depender de sus ideas y filosofía personal. Por ejemplo, no existe nada en muchas de las leyes de custodia de los estados que otorgue prioridad a uno de los padres en los casos de custodia de los hijos. Sin embargo, una mayoría de los jueces cree que un niño menor está por lo general mejor con su madre. Si todos los demás factores tienen igual peso, estos jueces encontrarán una manera de justificar el otorgar la custodia a la madre, aún si esto implica el adaptar la ley a los hechos.

El sistema es a menudo lento
Aún los abogados se frustran sobre cuánto tiempo toma el completar un caso. Cualquiera sea su situación, los cosas tomarán más tiempo del que usted esperaba. Se requiere de paciencia para pasar por el sistema con un mínimo de estrés. No permita que su impaciencia o frustración se dejen entrever. No importa lo que pase, mantenga la calma, y sea cortés y educado con el juez, los secretarios de la corte, cualquier abogado del caso, y aún con la parte contraria.

Ningún caso es igual a otro
Solamente porque el caso de su amigo se resolvió de cierta manera no quiere decir que el suyo tendrá el mismo resultado. El juez puede hacer que su caso sea diferente y, más a menudo, las mismas circunstancias ocasionarán esta diferencia. Usted no puede presumir que solamente porque su colega fue otorgado la custodia compartida, usted también será otorgado custodia compartida. Por lo general existen otras circunstancias que su colega no le comunica, o que posiblemente no entiende.

La mitad de las partes pierden su caso
El sistema legal está diseñado para producir un ganador y un perdedor, lo cual por lo general descarta una situación de ganancia en cualquier caso que podría ser posible (y más justa) con algún otro tipo de sistema. Recuerde, cada problema legal tiene dos lados, y existe solo un ganador. No espere ganar cada detalle de un caso. Si usted deja cualquier cosa a la discreción del juez, puede esperar que algunas cosas sean decididas a favor de la parte contraria.

Los participantes

La ley y el sistema legal a menudo son comparados a un juego. Así como en cualquier juego, es importante conocer a los jugadores.

El juez

El juez tiene el poder de decidir los problemas legales en su caso y si usted tiene el derecho a que se le otorgue aquello por lo cual recurrió a los tribunales. El juez es la última persona que usted quiere que se enoje con usted. Los jueces tienen cargas procesales muy grandes y les gusta cuando su caso puede ser concluido rápidamente y sin complicaciones. Cuanto más puedan usted y la parte contraria acordar y cuanto más completa sea su documentación, más contento estará su juez.

El secretario del juez

El secretario del juez fija las audiencias para el juez y frecuentemente, puede responder la mayoría de sus preguntas acerca del procedimiento y acerca de lo que el juez querría o requeriría. Una vez más, usted no quiere enemistar al secretario. Esto quiere decir que usted no llama a menudo o hace demasiadas preguntas. Unas cuantas preguntas están bien, y usted podría comenzar la conversación diciendo que usted quiere tener todo en orden para el juez. Sea amistoso y cortés, aún si el secretario no es educado con usted. El secretario maneja muchísimos casos al igual que el juez y podría sufrir de estrés, o él o ella podría simplemente ser una persona desagradable. Usted logrará más siendo educado que argumentando o quejándose.

El secretario de la corte

Mientras que el secretario del juez solamente trabaja para un solo juez, el secretario de la corte trabaja con todos los jueces. La oficina del secretario de la corte es el lugar central donde se mantienen todos los archivos de la corte. El secretario archiva sus documentos en la corte y mantiene los registros oficiales de su acción legal. A pesar que no pueden darle asesoramiento legal (tal como decirle qué es lo que deben decir sus documentos ante la corte), sí le pueden ayudar explicándole el sistema y los procedimientos (tal como decirle cuál tipo de documentos deben ser presentados). El secretario de la corte tiene el poder de aceptar o rechazar sus documentos, así que usted debe intentar mantener relaciones cordiales con este funcionario. Si el secretario de la corte le pide que cambie algo en sus documentos, simplemente cámbielo. No discuta ni se queje.

Abogados

Los abogados sirven como guías a través del sistema legal y como mercenarios modernos. Intentan guiar a su propio cliente, al mismo tiempo que intentan confundir, manipular o elaborar estrategias contra su oponente. (El capítulo 4 describe a los abogados en mayor detalle.)

La ley en su estado

Cada estado tiene sus propias leyes y procedimientos, y podrían haber diferentes procedimientos en diferentes condados dentro del mismo estado. Un libro como el presente simplemente no puede explicar los detalles de la ley y el procedimiento de cada corte en el país. Para obtener mayor información, llame o visite al secretario de la corte donde usted presentará su caso. El secretario podrá decirle si usted debe llenar algún formulario requerido, a cuánto suman las tarifas de presentación, dónde está ubicada la biblioteca de leyes más cercana, y le podrá otorgar una guía limitada a través de los procedimientos de la corte. El secretario también podrá proporcionarle formularios para su uso. Dichos formularios podrán ser entregados libres de costo, o podría haber una suma nominal por los mismos. Sin embargo, los secretarios de la corte no pueden darle asesoramiento legal, debido a que esto constituiría practicar la ley sin una licencia. El monto de asistencia que usted podría obtener de un secretario variará de corte a corte, desde no obtener asistencia alguna hasta el obtener muchísima ayuda valiosa.

También le sugerimos enfáticamente que usted visite una biblioteca legal. Éstas están por lo general ubicadas en o cerca de la corte. Las bibliotecas legales también se encuentran en las universidades y sus facultades de leyes. Las bibliotecas legales podrían tener limitaciones acerca de quiénes pueden utilizarlas (por ejemplo, las bibliotecas legales del condado podrían estar disponibles solamente a los miembros del Colegio de Abogados, y las bibliotecas legales de las facultades de derecho podrían estar abiertas solamente a sus estudiantes y profesores), o los horarios en que estas bibliotecas están abiertas al público podrían ser limitados. Sin embargo, en la mayoría de las ubicaciones, las bibliotecas legales del condado, y las bibliotecas legales subsidiadas por el estado le estarán disponibles. La siguiente sección de este capítulo le ayudará a encontrar lo que usted necesita en la biblioteca legal.

Investigación legal

Para cerciorarse que usted está haciendo las cosas debidamente, usted podría necesitar llevar a cabo algo de investigación. Usted podría necesitar visitar una biblioteca legal local. Se puede encontrar una por lo general en o cerca de su corte del condado. Si usted vive cerca de una facultad de leyes, usted también podrá encontrar una biblioteca legal ahí. La biblioteca pública también podría tener copias de los estatutos o del código de su estado.

Consejo para padres

No dude en pedir a un bibliotecario que le ayude a encontrar lo que necesita. Un bibliotecario no le puede dar asesoramiento legal pero sí le puede demostrar dónde puede encontrar sus leyes estatales y otros libros sobre el tipo de caso que usted está presentando.

Estatutos o código

La fuente principal de información será el juego de volúmenes que contienen las leyes promulgadas por la legislatura de su estado. Dependiendo de su estado, éstas serán referidas ya sea como los "estatutos" o el "código" de su estado. (Por ejemplo, los Estatutos General de Carolina del Norte o el Código de Misisipi). Pregunte a un bibliotecario en la biblioteca legal que lo ayude si usted tiene problemas en encontrar los estatutos o el código de su estado. Cada año, las legislaturas del estado sesionan para cambiar la ley; por tanto, es importante asegurarse que usted tiene la versión vigente. Casi cada estado pone sus estatutos o código en línea. Si usted visita la página Web oficial de su estado, usted por lo general podrá encontrar el nexo a los estatutos o el código. Usted también puede visitar la siguiente dirección en línea: **www.findlaw.com**. Este sitio proporciona las leyes de cada estado. Simplemente navegue por este sitio a su estado y la información que requiere.

Manuales de práctica

En la biblioteca jurídica o legal, usted también podrá encontrar libros que incluyan información detallada acerca de las leyes de su estado, algunas de las cuales podrían incluir formularios de muestra. Algunos de estos libros son escritos en relación a seminarios de educación continuada para abogados. Pueden ser muy útiles en responder sus preguntas acerca de situaciones específicas.

Reglas de la corte

Las reglas o procedimientos de la corte son aquellas que se aplican a las cortes de su estado. Podrían también incluir algunos formularios aprobados. Usted probablemente no necesitará utilizar las reglas de la corte, pero éstas podrían ser útiles si la el secretario de la corte o el juez le dice que usted ha cometido un error. En tal caso, usted podría necesitar leer las reglas para encontrar cómo corregir el problema.

Usted probablemente no necesitará llevar a cabo ninguna otra investigación que buscar las disposiciones legales en los estatutos o código de su estado y ver algunos formularios en un libro de formularios o procedimientos. Sin embargo, en caso de que usted necesite (o quiera) seguir avanzando en su investigación, se proporcionan algunos datos para ayudarle en esta empresa. En añadidura a las leyes promulgadas por la legislatura, la ley también se crea mediante las decisiones de los jueces en varios casos cada año. Para encontrar la jurisprudencia, usted necesitará visitar una biblioteca legal. Además de los códigos o estatutos anotados, existen varios tipos de libros que se utilizan para encontrar jurisprudencia.

Digestos

Un digesto es un juego de volúmenes que da breves resúmenes de recursos de casos en las cortes y le dirige a dónde usted puede encontrar la opinión escrita completa de la corte. Los datos en el digesto están ordenados alfabéticamente por tema. Cuando usted ubique el digesto para su estado (tal como el *New York Digest*), busque en el índice para encontrar el capítulo al que usted se deberá referir.

Colecciones de Jurisprudencia

Las colecciones de jurisprudencia son donde las cortes de recurso publican sus opiniones escritas sobre los casos que les presentan. Podría haber una colección de jurisprudencia específica para su estado o usted podría necesitar utilizar una colección de jurisprudencia regional. La última serie es más reciente que la primera. Por ejemplo, si el digesto le dice que el caso de *Smith v. Smith* está ubicado en 149 So.2d 721, usted lo podrá encontrar yendo al Volumen 149 del *Southern Reporter 2d Series* y volcando a la página 721. En esta opinión, la corte discutirá de qué se trataba el caso, qué preguntas de ley fueron presentadas para su consideración, y qué es lo que decidió la corte y por qué.

Enciclopedia legal

Una enciclopedia legal es similar a una enciclopedia regular. Usted simplemente busca el tema que necesita, tal como "paternidad", y le da un resumen de la ley sobre ese tema. También le referirá a casos de corte específicos que entonces usted podrá encontrar en la colección de jurisprudencia. A nivel nacional, los dos juegos principales de enciclopedias legales son *American Jurisprudence* (Am. Jur.) y *Corpus Juris Secundum* (C.J.S.). Usted también podría encontrar un juego para su estado, tal como la enciclopedia titulada *Texas Jurisprudence*.

Capítulo cuatro

Contratando un abogado

Que usted necesite un abogado o no dependerá de muchos factores, tales como que tan cómodo se sienta usted manejando el caso por si solo, si es que su situación es mas complicada que lo normal, y cuanta oposición le presente la parte contraria o el abogado de la parte contraria. Asimismo, también puede ser aconsejable contratar a un abogado si el juez que atiende su causa tiene una actitud hostil.

¿Quiere usted un abogado?

Una de las primeras preguntas que usted querrá tomar en consideración, y seguramente una de las principales razones por las cuales usted está leyendo este libro, es contestar la pregunta de ¿cuánto cuesta un abogado?

Los abogados son un grupo diverso conformado por miembros de todo tipo de edad, forma, tamaño, género, y grupo racial y étnico—así como rangos de precios. Por lo general, los abogados cobran una tarifa horaria que oscila entre los $75 y $300 por hora. Por supuesto, estas tarifas varían de estado a estado La mayoría de los abogados

Consejo para padres
Una regla muy general, es que usted debería considerar contratar los servicios de un abogado cuando usted haya llegado a un punto en que ya no se siente cómodo representándose a sí mismo. Este momento variará considerablemente de persona en persona, por lo cual no se puede ser más precisos sobre este punto.

nuevos son menos caros y bastante capaces de manejar las cuestiones legales más sencillas. Por otro lado, si su situación es más compleja, puede que usted se sienta más cómodo con un abogado más experimentado.

Otra pregunta que muchas personas tienen es ¿puedo yo obtener un abogado defensor o público? Un abogado o defensor público es un abogado designado por un juez para representar a una de las partes en litigio. En general, la corte solamente designará un abogado o defensor público a las personas acusadas de un crimen y que no pueden costear un abogado. Sin embargo, en algunos estados las cortes pueden designar a un abogado para representar a una de las partes en una de las siguientes situaciones:

◆ un padre que es pasible a que se le revoquen sus derechos de paternidad;

◆ un hombre que ha sido notificado con una demanda de paternidad; o,

◆ un padre acusado de cargos criminales por estar en mora en relación a la manutención o pensiones de sus hijos.

Es importante saber que un abogado defensor o público no es necesariamente gratis. Usted puede ser responsable de rembolsar al estado los gastos de dicho abogado. Sin embargo, es de esperar que los honorarios profesionales por servicios legales prestados por un defensor público serán menores a los mismos honorarios pagados a un abogado privado.

Ventajas de contratar un abogado

Las siguientes son algunas de las ventajas de contratar un abogado:

◆ Puede que los jueces y otros abogados lo tomen más en serio. La mayoría de los jueces prefieren que ambas partes tengan sus propios abogados. Ellos sienten que esto permite un manejo y ordenamiento del proceso legal mejor y más adecuado debido a que ambas partes conocen los procedimientos y cuestiones legales correspondientes. Las personas que se representan a sí mismas, a menudo pierden el tiempo en asuntos totalmente irrelevantes que no tienen ninguna relación con la resolución del caso.

◆ Un abogado sirve de barrera entre usted y la parte contraria, lo cual contribuye a un desenvolvimiento más expedito a través del sistema legal al reducir las posibilidades de que las emociones se apoderen del proceso y confundan el propósito del caso.

◆ Los abogados prefieren lidiar con otros abogados por las mismas razones que los jueces prefieren que ambas partes tengan su abogado. Sin embargo, si usted se familiariza con este libro y se comporta de una manera calmada y apropiada, usted no debería tener ningún problema.

◆ Usted puede dejar que su abogado se encargue de todos los detalles. Al tener un abogado usted solamente necesitará familiarizarse a grandes rasgos con el contenido de este libro. Será la labor de su abogado presentar los escritos o mociones correctas contemplando todas las formalidades de ley y a su vez la de entenderse con los funcionarios de la corte, el juez, el sheriff, la parte contraria y el abogado de la parte contraria.

◆ Los abogados proveen asistencia profesional en la resolución de conflictos. Es una ventaja poder contar con un abogado si su caso es en sí complejo o por alguna razón se le complica. Asimismo, también puede ser reconfortante contar con un abogado para obtener consejos y absolver sus dudas.

Las ventajas de representarse a sí mismo

Las siguientes son algunas de las ventajas de representarse a sí mismo:

◆ Usted se ahorra el costo de contratar un abogado.

◆ A veces los jueces se identifican con una persona que se representa a sí mismo y, como resultado, a dicha persona se le permite un mayor margen de error en relación a las normas procedimentales.

◆ Puede que los procedimientos sean más rápidos. Dos de las quejas más frecuentes acerca de los abogados se refieren a la tardanza en la resolución de sus casos y el reclamo de que ellos no responden a sus llamadas telefónicas. La mayoría de los abogados tienen una sobrecarga de procesos lo cual, a menudo, se traduce en la negligencia en la tramitación de ciertos casos por periodos extendidos de tiempo. Si usted hace el seguimiento de su propio caso, usted podrá cumplir los términos y plazos procesales cabalmente y con gran celeridad.

◆ Escoger un abogado no es fácil. Tal como se demuestra en la sección "Seleccionando a un Abogado", es difícil saber si es que se está seleccionando un abogado con quien se sentirá cómodo.

Una opción intermedia

Podría resultarle provechoso el buscar a un abogado dispuesto a aceptar una tarifa por hora, para absolver sus dudas y asesorarlo cuando usted necesite ayuda. Esto le permitirá ahorrar en los costos legales pero sin quitarle la opción de recurrir a un asesoramiento profesional. Simplemente este conciente de que los abogados a menudo no están de acuerdo con nada que ellos mismos no hayan preparado personalmente. Un abogado puede decirle que usted ha hecho todo mal solamente para intentar persuadirlo de que él debería manejar todo su caso. Usted podría solamente querer consultar un abogado si tuvo algún problema con la oficina del secretario del juzgado o con el mismo juez.

Seleccionando un abogado

Este es un proceso que consiste de dos etapas. Primero usted debe decidir con qué abogado quiere entrevistarse. Entonces, usted debe decidir si usted quiere contratar a ese abogado.

Cómo encontrar un abogado

Las siguientes sugerencias pueden ayudarlo a encontrar un abogado:

◆ Un amigo. Una de las mejores y más frecuentes formas de ubicar a un abogado es preguntando a alguien que usted conoce que le recomiende uno. Este método es especialmente bueno si es que el abogado representó a su amigo en un caso similar.

◆ Servicios de "referencias de abogados". Usted puede ubicar uno de estos servicios en las páginas amarillas bajo "servicios de referencias de abogados" o bajo "abogados". Este servicio por lo general es proporcionado por el colegio de abogados estatal o local del condado, y está diseñado para relacionar a un cliente con un abogado que trabaja en el área del derecho en la cual el cliente requiere de servicios legales. El servicio de referencias no garantiza la calidad del trabajo o el nivel de experiencia del abogado. El encontrar un abogado por este medio, por lo menos lo contactará con un abogado que este interesado en asuntos de derecho de familia y que probablemente tiene experiencia en esa área.

◆ Páginas amarillas. Revise bajo "abogados" en las página amarillas. Muchos abogados y bufetes legales colocan avisos por este medio resaltando sus áreas de especialización y currículo. Busque anuncios para estudios jurídicos o abogados que indican que ellos practican "derecho de familia" o de "relaciones domesticas".

◆ Otro abogado. Si usted ya utilizó los servicios de un abogado en otro asunto (como por ejemplo el cierre de un bien inmueble, una infracción de tránsito, o un testamento), tal vez usted quiera preguntarle a dicho abogado si él o ella practica derecho de familia o si pudiese referirle a un abogado reconocido en el área del derecho de familia.

Evaluando a un abogado

Seleccione entre tres a cinco abogados que usted considere pudiesen ser potenciales candidatos. Llame a sus respectivas oficinas, explíquele a quien le atienda que usted requiere de asesoramiento especifico y pregúntele las siguientes preguntas.

◆ El abogado o estudio jurídico en cuestión ¿maneja el tipo de casos que usted requiere?

◆ ¿Aproximadamente cuánto costará todo el proceso?

◆ ¿En cuánto tiempo puede entrevistarse con el abogado?

Si a usted le gustan las respuestas que usted recibe, pregunte si usted podría hablar con el abogado en cuestión. Algunas oficinas permitirán que usted hable directamente con él, pero otras le exigirán que primero haga una cita para la entrevista. Haga la cita si es que esto se requiere. Una vez que usted se contacte con el abogado (ya sea por teléfono o mediante una entrevista), plantéele las siguientes preguntas.

◆ ¿Cuánto costara todo?

◆ ¿Cuál es la forma de pago?

◆ ¿Hace cuanto que el abogado practica el derecho?

◆ ¿Cuánto tiempo ha practicado el abogado en su estado?

◆ ¿Qué porcentaje de los casos de este abogado involucran cuestiones de derecho de familia? (No espere obtener una respuesta exacta pero usted debería obtener una respuesta aproximada que equivalga a un mínimo de un 20%.)

◆ ¿Cuánto tiempo tardará el proceso? (De igual manera, no espere una respuesta exacta, pero el abogado debería poder proporcionarle un rango aproximado y discutir aquellas cosas que pueden hacer una diferencia.)

Si usted recibe respuestas aceptables a estas preguntas, entonces es el momento para que usted se haga las siguientes preguntas acerca del abogado:

◆ ¿Usted se siente cómodo hablando con este abogado?

◆ El abogado ¿es amistoso con usted?

◆ El abogado ¿parece tener confianza en si mismo(a)?

◆ El abogado ¿parece ser franco con usted y tener la capacidad de explicarle las cosas de una manera que usted las entienda?

Si usted esta satisfecho con todas estas respuestas, usted probablemente tiene en sus manos a un abogado con quien usted puede trabajar. La mayoría de los clientes se sienten satisfechos con un abogado con quien están cómodos.

Trabajando con un abogado

Usted trabajará mejor con su abogado si usted mantiene una actitud abierta, honesta y amistosa. Asimismo considere las siguientes sugerencias.

Haga preguntas

Si usted quiere saber algo o si usted no entiende algo, pregúntele a su abogado.

Si usted no entiende la pregunta, pídale a su abogado que se lo explique otra vez. Existen muchas cuestiones legales que inclusive los abogados no entienden por completo, así que no se avergüence de hacer preguntas. Muchas personas que aseveran haber tenido una mala experiencia con un abogado, o no le hicieron suficientes preguntas o tuvieron un abogado que no se tomó el tiempo de explicarles las cosas. Si su abogado no se toma la molestia de explicarle qué está haciendo, tal vez sea el momento de buscar un nuevo abogado.

Información completa

Proporcione a su abogado toda la información que usted tenga—cualquier cosa que usted le diga a su abogado es confidencial. Un abogado puede perder su licencia para practicar el derecho si revela información sin su permiso, así que no deje de contarle nada relacionado con su caso. Cuéntele todo a su abogado aunque algunas cosas no le parezcan importantes. Existen muchísimas cosas que parecen no tener ninguna importancia a las personas que no son abogados, pero que pueden cambiar la conclusión de un proceso. No oculte nada debido a que usted tenga el temor de que esta información afectará su caso negativamente. Su caso puede ser afectado negativamente si su abogado no se entera de algo hasta que él o ella lo escucha en la corte, del abogado de la parte contraria. Al tener conocimiento de todo con anticipación, el abogado puede eliminar o reducir los daños a su caso.

Acepte la realidad

Escuche lo que le dice su abogado acerca de la ley y acerca del sistema legal y acéptelo. No le hará ningún bien discutir sobre este tema por que las leyes o el sistema legal no funcionan de la manera que usted piensa que deberían funcionar. Por ejemplo, si su abogado le dice que el juez no puede atender su caso por dos semanas, no intente demandar que una audiencia se fije para mañana. Si usted se niega a aceptar la realidad, usted solamente se está preparando para la desilusión. (Tome en cuenta que no es la culpa de su abogado que el sistema no sea perfecto.)

Tenga paciencia

Tenga paciencia en el momento de lidiar con el sistema legal (el cual a menudo es lento) así como con su abogado. No espere que su abogado le devuelva la llamada cada hora. A veces puede que él o ella no le pueda devolver la llamada incluso en el mismo día. La mayoría de los abogados son muy ocupados y manejan una sobrecarga procesal. Es muy raro que un abogado pueda manejar tantos casos y al mismo tiempo hacer que cada cliente se sienta como si él o ella fuesen su único cliente.

Hable con la secretaria o el secretario de su abogado

La secretaria o secretario de su abogado puede ser una importante fuente de información, sea cortés y haga un esfuerzo por conocer a él o ella. A menudo el o la secretaria, podrá responder a sus preguntas y a usted no se le cobrará el tiempo que usted hable con él o ella. Muchos abogados también tienen un asistente legal, procurador legal o tramitador que a lo mejor puede contestar sus preguntas. Sin embargo algunos abogados les cobran a sus clientes por las horas de trabajo de sus asistentes o procuradores legales, pero con una tarifa horaria más baja que la que se aplica a las horas de trabajo del abogado. Cuando usted contrate a su abogado, él o ella debería informarle si existen tales recargos.

Cómo lidiar con la parte contraria

Deje que su abogado se encargue de la parte contraria. Es el trabajo de su abogado comunicarse con la parte contraria o con el abogado de la parte contraria. Muchos abogados han tenido la mala experiencia de que sus clientes han perdido o dañado sus casos cuando los clientes decidieron decir o hacer algo por su cuenta.

Sea puntual

La puntualidad es un elemento importante para las entrevistas con su abogado y para las audiencias en los tribunales.

Mantenga su caso activo

Muchos abogados operan bajo el viejo principio de que se necesita "aceitar" el sistema. Por lo cual el trabajo en un caso tiende a dilatarse hasta que un plazo se aproxima, surge una emergencia, o el cliente llama. Esto sucede por que muchos abogados toman más casos de los que ellos pueden manejar a fin de incrementar sus ingresos. Su tarea es la de aceitar el sistema cuando éste lo requiera. Cuando hable con su abogado, haga las siguientes preguntas:

- ◆ ¿Cuál es el próximo paso?
- ◆ ¿Cuándo se espera que concluya este paso?
- ◆ ¿Cuándo deberíamos hablar la próxima vez?

Ahorrando dinero

Por supuesto usted no querrá gastar dinero innecesariamente en su abogado. A continuación le sugerimos algunas cosas para evitar costos legales excesivos.

- ◆ No haga llamadas innecesarias a su abogado.
- ◆ Cuando sea necesario, déle la información a la secretaria.
- ◆ Dirija sus preguntas primero a la secretaria o secretario, quien le referirá al abogado si él o ella no puede responder su pregunta.
- ◆ Planifique sus llamadas telefónicas a fin de que usted pueda hablar concretamente y quitarle el menor tiempo posible a su abogado.
- ◆ Haga parte del trámite usted mismo. Por ejemplo, recoja y entregue algunos documentos. Pregunte a su abogado que es lo que usted puede hacer para ayudar con su caso.

◆ Vaya preparado a sus entrevistas. Planifique sus visitas al abogado, haga un bosquejo de lo que usted quiere discutir y de las preguntas que usted quiera preguntar, sea concreto y lleve toda la documentación necesaria.

Pagando los honorarios

Ningún cliente recibe una atención tan buena como la del cliente que paga a tiempo. Sin embargo usted tiene derecho a una factura desglosada que muestre todo lo que el abogado hizo y cuánto tiempo le costó hacerlo. Muchos abogados le harán firmar un contrato que describe cómo se le cobrará, qué es lo que está incluido en la tarifa horaria y cuáles son los cobros adicionales. Estudie su nota de débito cuidadosamente.

Despidiendo a su abogado

Si usted se da cuenta que ya no puede trabajar con su abogado, o que ya no confía en él o ella, es tiempo de que usted se represente a sí mismo o consiga un nuevo abogado. Usted necesitará enviar una carta a su abogado en la que le informará que prescinde de sus servicios y que ya no desea que trabaje en su caso. Asimismo, infórmele mediante esta carta que usted pasará por su oficina al día siguiente para recoger su expediente. Si por cualquier motivo su abogado se rehúsa a devolverle su expediente, contáctese con el colegio de abogados de su estado y pregúnteles como se presenta un reclamo formal o un proceso disciplinario contra este abogado. Obviamente, usted deberá conciliar todas las cuentas pendientes con su abogado.

Capítulo cinco

Establecer la paternidad

Establecer la paternidad es el proceso de identificar al padre de un niño en particular. Se puede establecer la paternidad debido simplemente a la relación entre los padres y el niño, cuando el padre afirma de manera oficial que él es el padre, o mediante un proceso jurídico.

Leyes y procedimientos relacionados con la paternidad

Cuando se disputa la paternidad o existen dudas al respecto, se pueden hacer análisis científicos. El análisis más común de la paternidad utiliza el ADN para determinar si cierto varón puede ser el padre biológico de un niño dado. (Estos análisis se discuten más adelante en el presente capítulo.) En la mayoría de los estados, una demanda de paternidad consta de un proceso civil en el cual se solicita que un tribunal haga una determinación y emita un fallo sobre la base del análisis de paternidad respecto a la identidad del padre biológico de un niño dado.

¿Quién necesita establecer la paternidad?

Usted necesitará establecer la paternidad si ésta todavía no ha sido establecida, y usted quiere reclamar sus derechos como progenitor (por ej., para conseguir la custodia o derechos de visita) o quiere obligar al padre del niño a desempeñar sus deberes como padre (por ej., haciendo pagos de manutención, pagando expensas de atención médica, etc.). A continuación se describen situaciones que pudieran dar origen a una demanda de paternidad:

◆ una madre sabe por cierto quién es el padre de su hijo, pero el padre rehúsa a aceptar su responsabilidad;

◆ un varón sospecha que la mujer con la que ha salido en pareja está embarazada del bebé de él, o él descubre que una mujer con la que había salido dio a luz un bebé varios meses después del fin de su relación;

◆ una madre ha tenido varias parejas y no sabe cuál varón es el padre de su hijo;

◆ una pareja no casada quiere tramitar la formalidad legal del establecimiento de la paternidad a fin de conseguir que su hijo cuente con protección legal y sea formalmente legitimado; o,

◆ un varón duda de ser el padre de un niño y quiere cerciorarse antes de acordar a hacer pagos de manutención.

La relación con la custodia y el derecho de visitas

No es necesario establecer la paternidad antes de entregar una demanda de custodia o derechos de visitas, a menos que se cuestione la paternidad. Si usted es la madre, simplemente necesita entregar una demanda de custodia (o del derecho de visitas) sin ninguna solicitud para establecer la paternidad. Esto es cierto también en el caso de que usted sea el padre y la madre no disputa su paternidad. No obstante, si existe alguna pregunta respecto a la paternidad, el asunto tendrá que quedar legalmente establecido antes de que un proceso de custodia o del derecho de visitas pueda proseguir. Esto ocurre casi siempre cuando el supuesto padre busca la custodia o el derecho de visitas, y la madre no quiere que éste participe en la vida de su hijo. Ella entonces disputará la paternidad, para retar el reclamo del varón respecto a un derecho de custodia o de visitas.

La relación con los pagos de manutención

De manera similar, no es necesario establecer la paternidad antes de presentar una demanda de pagos de manutención, a menos que se cuestione la misma. Si el varón demandado para pagos de manutención sabe incuestionablemente que él es el padre, no existen motivos para disputar la paternidad. Esto no lograría más que retrasar el inevitable fallo de hacer los pagos de manutención, además de incurrir gastos para los análisis científicos, los cuales él tendrá que sufragar.

No obstante, si el varón cree que él no es el padre, o cree que es posible que él no sea el padre, por lo general se cuestionará la paternidad. Aunque algunos varones no opondrán una lucha porque no pueden costear en análisis, la mayoría de los varones no se conformarán con hacer pagos durante años por la manutención de un hijo que quizá no sea suyo.

> ## Consejo para los padres
> *El esposo tendrá que presentar pruebas convincentes de que él probablemente no sea el padre antes de que un tribunal quiera pedir siquiera un análisis de sangre. Este tipo de proceso legal es complejo y no debe emprenderse sin la ayuda de un abogado.*

El establecimiento de la paternidad sin un proceso jurídico

La paternidad puede quedar establecida simplemente en vista de la relación de los padres; sin embargo, esto no se aplica por lo general a los padres que no están casados. La ley estipula que si la madre está casada en el momento de la concepción de su hijo, se presume que su marido es el padre del hijo. A menos que se presenten pruebas de lo contrario, los tribunales reconocerán el marido como el padre.

En algunos estados, esta presunción es irrefutable, lo cual significa que bajo ninguna circunstancia permitirá el tribunal que se haga un

> ## Consejo para los padres
> *Especialmente en aquellos estados donde rige la presunción irrefutable, si usted está casado y sabe que su esposa está teniendo relaciones ilícitas, cualquier demora en obtener un divorcio puede aumentar el riesgo de que usted termine con la responsabilidad financiera de un hijo que no es suyo.*

análisis de sangre ni cualquier otra acción destinada a dar prueba de que otra persona que no sea el esposo es el padre de un hijo concebido durante el matrimonio. Por lo tanto, si usted está teniendo relaciones con una mujer casada y ella queda encinta, tal vez no se permitirá que usted reclame al hijo como suyo, aunque usted desee hacerlo.

La paternidad voluntaria

La mayoría de los estados permiten que un padre firme una declaración jurada para establecer la paternidad, lo cual elimina la necesidad de presentar una demanda ante el tribunal. Esta declaración se pone por escrito y se firma ante un notario u otro funcionario, y en ella el padre reconoce la paternidad. La declaración jurada también debe ser firmada por la madre. Ambas firmas deben certificarse ante notario y la declaración debe entregarse en el palacio de justicia. Los formularios de declaraciones juradas de paternidad están disponibles en la oficina del secretario del tribunal.

Los estados animan a que la gente establezca la paternidad por medio de declaraciones jurados, ya que esto simplifica problemas con la herencia, retira hasta cierto punto el estigma que todavía puede plagar a los hijos nacidos fuera del matrimonio, y evita largos procesos jurídicos.

El establecimiento de la paternidad a veces puede ser muy útil para desarrollar una relación profunda con un hijo. Tan solo por este motivo, si un padre y una madre se llevan bien, es buena idea establecer la paternidad por medio de una declaración jurada. Aun si la relación termina, los derechos del padre están establecidos. Sin embargo, se debe avisar

Consejo para los padres

El que el nombre de alguien aparece en el acta de nacimiento de un niño no constituye prueba contundente de la paternidad. No se requiere que el padre firme el acta de nacimiento, de modo que es posible que la madre apunte cualquier nombre como el del padre. Con la prueba adecuada, se puede corregir una acta de nacimiento.

a los varones que si se establece la paternidad, ellos se verán obligados a hacer pagos de manutención.

Una vez que se ha entregado la declaración jurada de paternidad (y un juez la ha firmado si la ley estatal lo requiere), usted no podrá volver más adelante alegando que ha cambiado de parecer. Independientemente de cualquier información que pudiera surgir demostrando que otro varón es el padre del niño, aquel que reconoció la paternidad en la declaración jurada no dejará de ser considerado el padre del niño. Si el nombre del padre no aparece todavía en el acta de nacimiento, se emitirá otra acta de nacimiento que muestre los nombres de ambos progenitores.

¿Debería usted firmar una declaración jurada de paternidad?

El mejor consejo, tanto para varones como para mujeres, es que si usted tiene duda alguna, pida un análisis científico de paternidad. Puede ser bastante susceptible pedir a alguien que haga un análisis de paternidad, pero será más fácil hacerlo temprano que tarde.

Los análisis científicos de paternidad

El demandante o el demandado de una demanda de paternidad puede pedir un análisis científico de paternidad. Pocas demandas de paternidad dejan de utilizar este instrumento ya que surte tan buen efecto. Hasta hace poco, las muestras de sangre eran de un valor limitado. Podían dar prueba, con una exactitud razonable, de que cierto varón no era el padre de un niño dado. Sin embargo, eran totalmente inútiles para identificar o cerciorar si cierto varón sí era el padre de un niño.

Sin embargo, con los avances recientes en el uso del ADN (muestreo genético), los análisis de paternidad han alcanzado una exactitud de casi el 100% en establecer que cierto varón es, o no es, el padre de un niño dado.

El tribunal no pedirá unos análisis automáticamente, simplemente porque se ha presentado una demanda de paternidad. Los documentos preparados para el tribunal tienen que contener suficiente información para motivar al tribunal a pedir los análisis. Además, el tribunal puede requerir que se presente evidencia en una audiencia ante el tribunal antes de pedir el análisis.

> ## Consejo para los padres
>
> *En vista de la exactitud de la tecnología genética, los resultados del análisis de paternidad serán concluyentes, a menos que existan pruebas increíblemente fuertes al contrario.*

Si el tribunal pide el análisis, la madre, el niño y el alegado padre irán a un laboratorio designado por el tribunal para realizar el análisis. Por lo general, esto incluye el uso de un copo de algodón para recolectar una muestra de saliva de la boca. Si se halla que un varón es el padre de un niño, usualmente él será el responsable de pagar por el análisis de paternidad. Si él no presentó la demanda y se determina que él no es el padre, el análisis será pagado por la persona que inició la demanda de paternidad. Los precios oscilan entre $200 y $600. Le aconsejamos averiguar si su seguro médico cubrirá el costo del análisis.

Desconocimiento de los resultados del análisis

Si usted cree que los resultados del análisis no son correctos, usted puede desconocerlos ante el tribunal. A continuación se presentan unos ejemplos de los argumentos que pudieran resultar exitosos en retar los resultados del análisis de paternidad.

◆ Los resultados fueron contaminados por el laboratorio. (Usted tendría que dar prueba de que el laboratorio era responsable de resultados erróneos en el pasado y que rutinariamente produce resultados de poca calidad.)

◆ Los resultados fueron contaminados debido a una fraude. (Por ejemplo, se puede afirmar que la otra parte envió a otra persona para que hiciera el análisis en su lugar.)

◆ Usted no tiene la capacidad física de engendrar o concebir a un hijo.

◆ Alguien falsificó los resultados.

Las demandas de paternidad

Si la paternidad no queda establecida automáticamente, y si el padre o la madre no está dispuesto a firmar y entregar una declaración jurada de paternidad, el único recurso es una demanda de paternidad. En este tipo de demandas, se acude al tribunal y se solicita a un juez que determine si el varón es el padre del niño. En tales casos, el juez con mayor frecuencia emite una orden de que se realice un análisis de paternidad.

¿Quién puede iniciar una demanda de paternidad?

La ley únicamente permite que ciertas personas inicien las demandas de paternidad. Se dice que tales personas tienen personería para demandar. Este es el requisito legal de que existe cierta conexión entre el niño y la persona que presenta la demanda de paternidad.

Si usted cree que necesita establecer la paternidad, primero debe determinar si tiene personería para demandar. Típicamente, las siguientes personas tienen la personería requerida para presentar una demanda de paternidad:

◆ la madre del niño;

◆ la madre que espera dar a luz al niño;

◆ un varón que alega que él es el padre del niño;

◆ un varón que alega que él es el padre de un niño que nacerá;

◆ el hijo o el representante personal del mismo;

◆ un representante de un niño que todavía no ha nacido;

◆ la madre y el padre del niño (si presentan la demanda juntos);

◆ la madre y el padre de un niño no nacido (si presentan la demanda juntos);

◆ la agencia estatal de servicios sociales, la cual por lo general intercede en el caso de ciertos niños que reciben ayuda del gobierno estatal o federal; y,

◆ la oficina del fiscal (o el fiscal del distrito, fiscal del estado u otro título, dependiendo del estado), la cual por lo general intercede en el caso de niños que necesitan servicios, y por lo general sirve como el abogado del niño en el proceso.

Si usted no pertenece a una de las categorías designadas, no se le permitirá iniciar una demanda de paternidad. Es posible que usted se moleste en pedir que se tramiten los papeles y en llevarlos al palacio de justicia, pero una vez que el tribunal se entere de que usted no tiene el derecho de presentar la demanda, esta será desechada. Es posible que se ordene que usted pague los honorarios del abogado de la otra parte ya que usted presentó la demanda cuando no tenía ningún derecho de hacerlo.

Si usted duda si un niño es suyo

No se le permitirá presentar una demanda de paternidad si existe muy poca posibilidad de que un niño sea su hijo. Las demandas de paternidad por lo general son presentadas por personas que quieren dar evidencia de la paternidad, no excluirla.

Si no le han pedido a usted hacer pagos de manutención ni han interferido de otro modo en su vida, no se le permitirá presentar una demanda de paternidad—aunque quiera hacerlo simplemente para satisfacer su curiosidad—a menos que la madre acepte que se indague el asunto. En tal caso, no será necesario presentar una demanda; usted puede simplemente usar los servicios de un laboratorio privado para que se lleve a cabo un análisis científico de paternidad. Tales laboratorios se encuentran en el directorio telefónico bajo el título *"Genetic Screening"* (Análisis genéticos).

El efecto de la muerte del alegado padre

En muchos casos, la paternidad debe ser establecida antes de la muerte del alegado padre. Existen muchos motivos para esto, siendo el más importante que un padre difunto no puede defenderse a sí mismo ni puede refutar la prueba presentada en su contra. Si se pide una determinación de paternidad después de la muerte del padre, éste deberá haber tomado alguna medida para reconocer al niño antes de su muerte. Por ejemplo, el padre apuntó su nombre en la partida de nacimiento, ingresó información en documentos legales o de otro modo realizó alguna acción formal.

¿Debería usted presentar una demanda?

Aun si usted determina que cuenta con personería para demandar respecto a una demanda de paternidad, esto no significa que le convenga apresurarse a iniciar una demanda. Existen varios factores que usted deberá tomar en cuenta antes de hacer cosa alguna.

◆ Las consecuencias para usted mismo. Si usted es el padre y no tiene custodia del niño, las consecuencias pueden incluir que usted haga pagos de manutención o de otros gastos asociados con el nacimiento y la crianza de un niño. Si usted es la madre, usted deberá estar segura que el alegado padre es una persona que usted desea que participe en su vida y en la de su hijo durante años en el futuro. El ligar a su hijo a un padre que lo quiere muy poco, tal vez no sea el mejor curso ni sirva los mejores intereses de su hijo.

◆ El impacto en el niño. Digamos que el niño vive en una familia unida y cree que otro varón es su padre... alguien que ha formado un lazo afectivo con él, se porta de manera responsable como el padre del niño y está comprometido con esa relación. Los mejores intereses del niño deben considerarse por encima de todo en cualquier asunto que involucre al niño.

◆ La persistencia con el proceso hasta el fin. Si la persona contra quien usted ha presentado la demanda resiste el proceso, el establecimiento de la paternidad puede ser un proceso largo y posiblemente costoso. Si usted inicia una demanda de paternidad, necesita estar preparado para completar el proceso.

◆ Hacer frente al resultado. Por ejemplo, digamos que como el alegado padre, usted tiene un niño de 3 años que nació fuera del matrimonio, y durante estos tres años usted ha cuidado y querido a este niño. Sin embargo, en el fondo de su corazón, siempre ha cuestionado si el niño realmente es suyo. Si usted presenta una demanda de paternidad y descubre que no es suyo, ¿qué pasará entonces? Su compromiso emocional y los sentimientos que tiene por el niño no desaparecerán. ¿Cómo afectarán los resultados a su relación con el niño?

◆ Expectativas realistas. Una demanda de paternidad, independientemente del resultado, no puede crear relaciones automáticamente ni servir de una forma de castigo. Consideremos el siguiente ejemplo: José se había resistido a relacionarse con sus hijos. Había negado con vehemencia la paternidad y resistido todo intento de establecerla, sea por el tribunal o de otro modo. Después de muchos años, necesitó una intervención quirúrgica de triple bypass. José decidió entonces hacer las paces con las personas a quienes habían tratado mal. Cuando estaba listo a reconocer a sus hijos, ellos no estaban preparados para reconocerlo a él. Le pareció que presentar una demanda de paternidad cambiaría la situación. Desafortunadamente, la empeoró.

◆ Intentando castigar a un padre que no ha mantenido ninguna relación con su hijo. Consideremos el siguiente ejemplo. Juanita decidió presentar una demanda de paternidad. Su hijo era adolescente y ella no había necesitado nunca los pagos de manutención ya que era de una familia acaudalada. Había pensado que el padre de su hijo era pobre, pero se enteró de que se había casado y tenía otros hijos. Le pareció a Juanita que al presentar una demanda de paternidad, podía castigarlo por abandonarla, y que la humillación y vergüenza pública le penarían a él y a su familia. No obstante, la demanda fue una experiencia dolorosa y acarreó consecuencias penosas.

Consejo para los padres

La relación especial que existe entre padres e hijos no puede ser ordenada por un tribunal y determinada por un jurado. Esta relación crece con el tiempo y la atención.

La preparación y presentación de formularios legales

Una demanda de paternidad es una que cae bajo el derecho civil, no criminal. Las partes constarán de la persona que presentó la demanda y la persona que niega la paternidad. En la mayoría de los casos, las partes de una demanda de paternidad serán las siguientes:

◆ la madre del niño v. el alegado padre del niño;

◆ el alegado padre del niño v. la madre del niño; o,

◆ el niño v. el alegado padre del niño.

En algunos casos una agencia estatal, usualmente una agencia de servicios sociales o el fiscal de prosecución, demanda al alegado padre para que éste reembolse los beneficios de *Aid to Families with Dependent Children* (Ayuda a Familias con Hijos Dependientes, o AFDC por sus siglas en inglés) que se pagaron por el bien del niño. En tales casos, los abogados del gobierno prepararán y presentarán los formularios.

Consejo para los padres

Lo animamos a visitar la oficina del secretario del tribunal. Pídale al secretario que le gustaría ver un archivo de una demanda del tipo que usted va a presentar. Estos archivos por lo general están disponibles al público, y deberán permitirle ver uno. Usted deseará seguir lo más posible el formato de los formularios en estos archivos.

Capítulo seis

Custodia

La palabra custodia se refiere al control o autoridad ejercidos por los padres sobre sus hijos. Por lo general los padres biológicos (naturales) tienen derechos legales iguales a obtener la custodia de sus hijos.

Ley y procedimientos de custodia

Técnicamente, sin ninguna intervención de la corte, la demanda de una madre para custodia de un niño no es superior a la demanda del padre, ni es la demanda del padre superior a la de la madre. En la mayoría de las jurisdicciones, no importa que las partes nunca contrajeron matrimonio o que el nombre del padre no se encuentre en el certificado de nacimiento.

Terminología de custodia

La custodia es un concepto amplio que se refiere a dos cosas:
1. la custodia física o control sobre la persona de un niño o niña, en términos de dónde vive o reside principalmente este menor de edad y
2. la custodia como se relaciona a la autoridad para la toma de decisiones sobre cosas tales como la educación, entrenamiento religioso y tratamiento médico de un niño o niña.

Cuando los padres de un niño no viven juntos, ya sea porque nunca contrajeron matrimonio o debido a un divorcio, a menudo se pide a una corte que decida los derechos de custodia de cada padre. Las diversas leyes estatales definen y describen la custodia determinada por la corte de diferentes maneras.

Tradicionalmente, una corte otorgaría la custodia a uno de los padres y el otro padre tendría derechos de visita con los hijos. Hoy en día, en algunos estados, esto se llama custodia exclusiva. Si uno de los padres es otorgado la custodia exclusiva de un niño o niña, el otro padre no necesita ser consultado acerca de decisiones de importancia que afectan el bienestar del hijo o hija.

Para evitar estos arreglos que solo toman en cuenta a una de las partes, varios estados han adoptado el concepto de la custodia conjunta. La misma se puede llamar por varios otros nombres, tales como custodia compartida o responsabilidad compartida de los padres. En el estado de Tejas, se refiere como una administración conjunta de tutela (*joint managing conservatorship*). En algunos estados, el aspecto de toma de decisiones se llama custodia legal, y dónde y con quién reside el menor se denomina custodia física. El estado de Wisconsin se refiere a la toma de decisiones como la custodia legal y a dónde vive el menor como a la colocación física.

Algunos estados permiten la custodia conjunta solamente si la misma es acordada por ambos padres. Otros estados ordenan la custodia conjunta, a menos que existan circunstancias mitigantes que pudiesen ir en contra de los mejores intereses del niño o niña relacionadas a este arreglo. Las cortes intentan dividir el tiempo del menor entre sus padres de diversas maneras, tales como seis meses con un padre y seis meses con el otro; el año escolar con un padre y los meses de la vacación de verano con el otro padre; o una semana con un padre y una semana con el otro padre.

Usted no se debería preocupar de la terminología utilizada. Es mejor si usted se concentra en lo que usted quiere en términos del control sobre su niño o niña y el tiempo compartido con su hijo. Si usted recibe lo que quiere, no importa qué se llame a este arreglo. Por ejemplo, si usted desea que su hijo viva con usted la mayor parte del tiempo y quiere las opiniones del otro padre acerca de las decisiones que afectan el bienestar de su hijo, usted no debería pasar mucho tiempo preocupándose acerca de los términos legales.

Quién puede presentar una demanda de custodia

La mayoría de las leyes estatales solamente permiten que las siguientes personan presenten una demanda de custodia:

◆ el padre que ha sido otorgado la custodia;

◆ el padre que no tiene la custodia;

◆ la agencia estatal o del condado de protección de la infancia; o,

◆ cualquiera que haya estado cuidando del niño o niña o quien ha ejercido la custodia física de este menor.

Custodia de una tercera parte

¿Qué es lo que ocurre cuando un padre que ha estado ausente del cuidado de un hijo descubre luego que la madre ha perdido la custodia de su hijo a una tercera parte? El hecho de que un padre haya perdido la custodia de un hijo no quiere decir automáticamente que el otro padre también haya perdido la custodia. Si el padre no fue nombrado como una parte en el juicio entre la madre y la tercera parte, y él no recibió una notificación de este juicio, entonces esta orden no interfiere con su demanda para la custodia de sus hijos. Con tal que el padre sea competente, él tiene una buena probabilidad de ser otorgado la custodia. Para poder obtener la custodia, él deberá presentar un recurso pidiendo a la corte que abran nuevamente el caso de custodia entre la madre y la tercera parte, o presentar una acción legal de demanda de custodia contra la tercera parte.

Custodia vs. adopción

Algunas personas confunden la custodia con la adopción. Las siguientes son las diferencias claves entre la custodia y la adopción.

◆ La adopción requiere y demanda ya sea el consentimiento de los padres o la terminación involuntaria de los derechos de paternidad y / o maternidad. Las decisiones de custodia no requieren ninguna de estas dos condiciones.

◆ Las adopciones son finales. Las decisiones de custodia nunca son finales y pueden ser modificadas en todo momento en que ocurra un cambio significativo en las circunstancias que afectan los mejores intereses del niño o niña.

◆ Las adopciones no disponen la visita de cualquiera de los padres que pierden sus derechos de paternidad o maternidad. Las acciones legales de custodia disponen la visita del padre quien es la parte contraria.

◆ Las adopciones requieren que se emita un nuevo certificado de nacimiento reflejando el nombre de los padres adoptivos. La custodia no afecta los certificados de nacimiento.

◆ Los padres que renuncian o pierden los derechos de paternidad o maternidad no tienen ninguna obligación de pagar por la manutención de los hijos a los padres adoptivos. La custodia frecuentemente resulta en que el padre que no tiene la custodia reciba una orden de pagar la manutención de sus hijos.

◆ Los registros de adopción por lo general se mantienen sellados. Los registros de custodia son parte de los registros públicos y están disponibles para su inspección por el público en general.

◆ Por lo general, los procedimientos de adopción no son audiencias contenciosas con dos partes contrarias (a pesar que la terminación de derechos de paternidad o maternidad podría ser una audiencia contenciosa). La custodia puede llevarse a cabo por medio de audiencias en la corte y por medio de batallas de derecho civil acaloradas.

Resolviendo las disputas de custodia

Al contrario que otros tipos de litigio, el enfoque principal en las disputas de custodia no se centra en las dos partes. En cada estado, el principio que guía las determinaciones de custodia es lo que se conoce como el mejor interés del niño o niña.

En la mayoría de las disputas de custodia, ninguno de los padres es considerado como sin la competencia necesaria para tener la custodia. En vez de ello, se trata de que el juez pese varios factores y decida cuál de los dos padres sería levemente mejor en satisfacer las necesidades diarias del niño o niña. Solamente porque uno de los padres ha sido otorgado la custodia (o cualquiera sea el nombre que se le dé en un estado en particular), ello no quiere decir que el padre que no ha sido otorgado la custodia no tiene la capacidad para ejercerla.

En las situaciones en las cuales ambos padres tienen la misma capacidad para cuidar a sus hijos, las cortes podrían considerar otros factores—muchos de los cuales se encuentran fuera del control de las partes. A menudo incluyen lo siguiente.

> ## Consejo para los padres
> *Al intentar proporcionar a los jueces con una definición del mejor interés de un menor de edad, varias legislaciones estatales han establecido una lista de factores a ser considerados al tomar una determinación de custodia.*

♦ La preferencia del niño o niña. Los niños que tienen la suficiente edad (que varía de estado a estado) son a menudo dados la oportunidad de expresar su preferencia.

♦ El status quo. La mayoría de las cortes no retiran a un niño de un lugar donde se desarrolla y crece normalmente. Por ejemplo, si un niño ha estado con su madre por dos años y el padre decide que quiere la custodia, esto le representará un obstáculo muy grande para obtener la custodia.

♦ Los padres son otorgados preferencia sobre los que no son padres del menor. Se presupone que es en el mejor interés de un niño o niña el permanecer con sus padres. Sin embargo, esto no quiere decir que un padre debe ser incapaz para perder la custodia a una persona que no es padre del menor. El principio general sigue siendo lo que sea mejor para los intereses del niño o niña.

♦ Preferencia maternal. Esta es una noción que continúa vigente en la mente de los jueces, a pesar que ya no es la ley en muchos estados. Los jueces prefieren mantener a los niños de tierna edad con su madre.

♦ Género. La mayoría de los jueces también prefieren mantener a los hijos hombres con sus padres y a las hijas mujeres con sus madres, presumiendo que piensan que el padre del mismo género puede mejor proporcionar al niño o niña con un modelo a seguir para comportamiento adecuado.

◆ Guardián principal. El padre que proporciona el cuidado diario de su hijo a menudo tendrá una ventaja en la determinación de la custodia. Por lo general, esta es la madre, aunque no en todos los casos.

◆ Preferencia hacia el padre amistoso. Los jueces prefieren otorgar la custodia al padre que es menos hostil con el padre o parte contraria. Se supone que es en el mejor interés de un niño que el mismo sea criado por un padre que intenta llevarse bien con el otro padre, ya que esto permitirá que los hijos tengan una relación con ambos padres.

◆ Relación con hermanos y hermanas. A los jueces les agrada mantener a los hermanos y hermanas juntos. Ellos creen que esto proporciona un ambiente mucho más estable de vida familiar.

◆ Estabilidad. Este es un factor muy importante ya que los jueces creen que los niños deben saber dónde queda su hogar. Las personas que se trasladan de un lugar a otro todo el tiempo se consideran inestables. La inestabilidad es por lo general considerada como adversa al mejor interés de un niño o niña.

◆ Estudios del hogar. Los jueces dan bastante peso a las opiniones de los trabajadores sociales. En muchos estados, las cortes ordenan a las partes a presentar un estudio del hogar. Los trabajadores sociales visitan los hogares de los padres y observan cómo el niño o niña interactúa con cada uno de los padres. Ellos entonces presentan un informe a la corte y testifican sus conclusiones.

◆ Fumar. Los informes recientes de que los fumadores pasivos o el vivir con un fumador puede ser peligroso para aquellos que no fuman han hecho que el fumar sea una consideración en las disputas de custodia. A pesar que esto ha sido considerado en unos cuantos casos sensacionalistas, a menos que el niño o niña tenga problemas de salud que serían afectados, no se cree que el fumar sea un factor determinante.

◆ Opiniones religiosas. Las prácticas religiosas de las partes solamente juegan un papel en la determinación de la custodia cuando se evidencia que estas opiniones van en contra de los mejores intereses de un hijo o hija. Esto es difícil de probar.

Los diez mandamientos de la paternidad o maternidad

Los jueces buscan cualidades básicas de paternidad o maternidad que sean dirigidas al mejor interés del niño o niña. Los siguientes factores no han sido tallados en piedra, entregados por el altísimo, o siquiera forman parte de la ley. De todas maneras, se refieren como los Diez Mandamientos de la Paternidad o Maternidad.

1. Un padre deberá pasar tiempo de calidad con sus hijos.
2. Un padre proveerá un apoyo financiero para sus hijos.
3. Un padre proveerá un ambiente de hogar estable.
4. Un padre proveerá para el bienestar espiritual de sus hijos.
5. Un padre proveerá a sus hijos con una guía moral.
6. Un padre creará un ambiente donde sus hijos se puedan sentir libres y seguros para expresar sus sentimientos.
7. Un padre proveerá disciplina sana y responsable.
8. Un padre considerará cuidadosamente el mejor interés de sus hijos y actuará consecuentemente.
9. Un padre tendrá la capacidad física de proveer para las necesidades de sus hijos.
10. Un padre podrá proveer a sus hijos con amor incondicional.

Si ambos padres no son capaces

El presentar una demanda de custodia puede a veces resultar en lo contrario de lo esperado si la corte determina que ninguno de los padres es capaz para tener la custodia del hijo o hija. El menor podría ser retirado del hogar y colocado bajo la tutela legal temporal de terceros o con parientes. El presentar una demanda para la custodia es una invitación para que la corte estudie cuidadosamente los asuntos privados de los padres.

Ejemplo: Felipe presentó una demanda de custodia para sus tres hijos menores. Él presentó alegaciones serias contra la capacidad de la madre, su antigua novia. La parte contraria presentó una respuesta en la que también negaba su capacidad como padre con alegaciones muy serias. La corte determinó que ambos padres tenían problemas con abuso de sustancias controladas y decidieron que ninguno de los padres tenía la capacidad para tener la custodia de los hijos hasta haber exitosamente concluido un programa de rehabilitación de drogas. Los niños fueron colocados temporalmente con su abuela hasta que Felipe y su antigua novia recibieran el tratamiento que necesitaban.

Defectos fatales

Los factores listados en relación a lo que un juez consideraría en determinar la custodia, son calificados con diversos grados de importancia dependiendo de las circunstancias. Sin embargo, existen varios factores que son fatales para la oportunidad de que un padre obtenga la custodia. Las circunstancias específicas no importan—si un padre tiene una de estos factores en su contra, será muy difícil convencer al juez que le otorgue la custodia:

◆ abuso de sustancias controladas o drogas;
◆ abandono de un niño o niña;
◆ alcoholismo;
◆ conducta habitual criminal;
◆ abuso sexual de un niño o niña;
◆ conducta sexual inapropiada; o,
◆ abuso físico del niño o niña.

La decisión del juez

Los jueces tienen una discreción amplia en los casos custodia. Los casos de custodia muy rara vez cambian su decisión luego de un recurso. Las cortes de apelación por lo general creen que los jueces penales o que manejan juicios se encuentran en la mejor posición para determinar lo que representa los mejores intereses del niño o niña debido a que tienen la oportunidad de conversar con las partes involucradas. Nadie sabe esto mejor que los abogados. Los estados permiten que los abogados elijan al juez quien oirá su caso dan a las partes una ventaja ya que los abogados saben cuáles jueces tendrán una mejor oportunidad de otorgar una sentencia favorable a su cliente.

El resultado de los casos de custodia es difícil de predecir. Usted nunca sabrá qué es lo que pasará hasta que algo ocurre.

Una corte no es el lugar ideal para resolver un problema de custodia. ¿Cómo puede un juez saber lo que representa el mejor interés de un menor si él o ella no lo sabe y muchas veces no ha conocido siquiera al niño o niña? En la mayoría de los estados, los jueces no reciben ningún entrenamiento especial para oír casos de custodia. Los jueces se basan en su intuición tanto como en cualquier otro factor. Podría no ser justo el decir que las decisiones son a menudo arbitrarias, pero este es el caso en muchas situaciones. Es increíble cuán honestas y sinceras pueden parecer las personas cuando, en verdad, están diciendo mentiras. Cualquiera se puede presentar a la corte con un nuevo vestido o traje. Pocos alcohólicos se presentan borrachos a la corte y aún mucho menos abusadores sexuales de niños admiten haber cometido el crimen de incesto. Todos parecen muy agradables, educados y verdaderamente preocupados por el niño o niña.

Deceso de un padre que tiene la custodia

Si el padre quien tiene la custodia fallece, entonces los derechos del padre que no tiene la custodia tendrán prioridad.

Ejemplo: Julio y Elena tienen dos hijos. Nunca se casaron y sus hijos se encontraban bajo la custodia de Elena. Julio tenía derechos de visita regulares a través de una orden emitida por una corte, los cuales ejercía solamente de vez en cuando. Cuando Elena fue diagnosticada con una forma terminal de cáncer, ella y sus hijos se mudaron con su hermana. Su hermana asumió el papel de guardián principal a cargo del cuidado de los niños. Elena vivió tres años luego de mudarse con su hermana.

Julio continuó visitando solamente ocasionalmente con sus hijos. Sin embargo, él sí se presentó en el funeral de Elena y expresó su intención de asumir la custodia de sus hijos.

En la mayoría de las jurisdicciones, siempre y cuando Julio hubiese sido considerado capaz, él hubiera tenido derecho a la custodia de los hijos. Sus derechos hubieran tenido prioridad sobre los de la tía de los niños, a pesar que ella los había cuidado. Las visitas esporádicas de Julio no hubieran erradicado su demanda para la custodia de sus hijos. Sin embargo, el hecho de que la tía había estado cuidando a los niños fortalecería su demanda de derechos de vista con los niños.

¿Qué pasaría si Elena tuviese un testamento que indicaba que era su voluntad que su hermana obtenga la custodia de sus hijos? Los niños no son una propiedad que puede ser pasada a través de un testamento. Si ambos padres fallecen, las cortes entonces leerán el testamento para obtener una guía de quién podría cuidar a los hijos. Sin embargo, el mejor interés de los hijos sigue siendo el principio en que se basan los casos de custodia, y se presupone que si los padres son capaces, los hijos se encuentran mejor a su cuidado.

Matrimonio o divorcio de uno de los padres

A menos que se estipule algo específicamente en su contra en la orden del juez, el matrimonio o divorcio de cualquiera de los padres que tengan o no la custodia no debería afectar de ninguna manera a los derechos de custodia o visita de los padres.

Ejemplo: *Raoul e Isabela nunca contrajeron matrimonio. Vivieron juntos por diez años y tuvieron tres hijos varones. Luego de su separación, los tres hijos vivieron n Raoul, e Isabela fue otorgada amplios privilegios de visita. El arreglo de custodia conjunta fue necesario debido a que Raoul trabajaba un tercer turno e Isabela cuidaba de los niños en las noches. Raoul se volvió a casar y quería limitar los derechos de vista de Isabela. El juez se negó a limitar estos derechos.*

Padrastros, madrastras y la custodia

Si los padrastros quieren la custodia o derechos de visita luego de un divorcio, separación o deceso de un padre biológico, los derechos del padre biológico tendrán precedencia sobre los derechos de los padrastros. A menos que el estado reconozca los derechos de los padrastros, los mismos no tendrán ningún derecho legal para demandar la custodia de un hijastro o hijastra. Sus derechos de visita dependerán de si existe un lazo de afecto entre el padrastro o madrastra y los hijastros.

Abuelos y la custodia

Se tiene dos maneras la que los abuelos pueden ingresar en la custodia. Una es si los abuelos están peleando la custodia; la otra es si los abuelos buscan tener derechos de visita. Varios estados ahora tienen leyes que reconocen los derechos de los abuelos.

En la mayoría de los estados, los abuelos tienen el derecho de presentar una demanda para la custodia o los derechos de visita de sus nietos. Estos estatutos especifican las circunstancias bajo las cuales un abuelo puede obtener una orden para la custodia o la visita de sus nietos. La mayoría de estos estatutos solamente proporcionan a un abuelo con derechos de visita si los padres están divorciados o cuando uno de los padres ha muerto. Si no existe dicho estatuto, o si los abuelos no cumplen con los criterios del estatuto, los padres no necesitan preocuparse de los derechos de los abuelos.

Existen muchas razones por las cuales las legislaturas estatales se han pronunciado para reconocer el lugar de los abuelos en las vidas de los niños. Debido a los problemas

Consejos para los padres

Por lo general, los abuelos no son otorgados derechos de visita tan a menudo como un padre que no tiene la custodia. Los esquemas estándar de visita podrían incluir un fin de semana al mes. En una orden de derechos de visita, los abuelos por lo general no son otorgados ninguna autoridad para la toma de decisiones.

sociales asociados con las drogas y los embarazos de adolescentes, cada vez es más común que los abuelos sean designados como los guardianes principales de sus nietos. Debido a los lazos emocionales que se desarrollan, los estados reconocen que sería en el mejor interés del nieto o nieta que se otorguen derechos de visita a sus abuelos. Las cortes tienen muy en cuenta que al reconocer los derechos legales de visita de los abuelos, los mismos son animados a cuidar de sus nietos cuando este cuidado sea necesario.

Ejemplo: *Tomás y Zora vivieron juntos por trece años y tienen dos hijos pequeños. Ambos estuvieron involucrados en drogas y eventualmente fueron arrestados y sentenciados a tres años en prisión. Mientras sus padres estaban en prisión, los niños se mudaron con los padres de Tomás. Luego de tres años en prisión, Tomás y Zora fueron liberados y volvieron a vivir con los padres de Tomás y los niños por otro año. Luego de un tiempo se separaron y se mudaron a residencias separadas. Ambos Tomás y Zora presentaron demandas separadas de custodia contra los padres de Tomás. Tomás fue otorgado la custodia, y tanto los padres de Zora como de Tomás fueron otorgados derechos de visita. Zora estaba furiosa debido a que sus derechos de visita fueron limitados en parte debido a las visitas que fueron otorgadas a los padres de Tomás.*

Sin embargo, en por lo menos dos estados (Florida y Tennessee), las cortes supremas de los estados han declarado que los estatutos que detallan los derechos de visita de los abuelos son inconstitucionales ya que violan los derechos de privacidad de los padres. La premisa básica es que los padres tienen un derecho constitucional de criar a sus hijos como les parezca mejor, sin ninguna interferencia de parte del gobierno (siempre y cuando los menores no sufran de ningún abuso o abandono).

La Corte Suprema de los Estados Unidos también ha abrogado un estatuto de derechos de visita de abuelos estatal en el caso de *Troxel v. Granville*. Este caso no convierte a todos los estatutos de derechos de visita de abuelos inconstitucionales, pero podría servir como la base para prevenir que un abuelo obtenga derechos de visita cuando usted desee prevenir que esto ocurra.

Derechos de los niños y custodia

Los derechos de los niños es un área de estudio que está en un proceso de crecimiento. Considere la siguiente situación, la cual es un ejemplo de cómo los derechos de los padres y de los niños pueden ponerse en conflicto.

Ejemplo: *Ana y Javier han estado casados por veinte años. Tuvieron tres hijos menores de edad. Se divorciaron cuando sus hijos tenían 9, 11 y 14 años de edad. Las partes tuvieron una batalla legal acalorada sobre la custodia y los derechos de visita. Ana y Javier fueron otorgados la custodia compartida o conjunta. Los niños vivieron principalmente con su madre en una zona metropolitana muy grande y se suponía que debían visitar a su padre cada otro fin de semana y en los meses de verano. Pero ellos no querían visitar el hogar de su padre en una zona rural pequeña. En una entrevista durante el caso, el juez les preguntó a los niños qué es lo que querían. Ellos expresaron que no les gustaba el pensar en tener que visitar a su padre, y el juez tomó sus sentimientos en consideración, pero ordenó las visitas.*

Los niños visitaron por unos cuantos meses, pero los dos hijos mayores se rehusaron a ir a la visita. Javier presentó el problema ante la corte nuevamente, y la corte amenazó con considerar a los hijos en rebeldía de la corte si se rehusaban a visitar. Los niños nuevamente resistieron y los niños fueron enviados para ser apresados en una facilidad juvenil hasta que acordaran a las visitas.

Reubicación

En situaciones cuando los padres se establecen nuevamente o reubican, se requiere que la corte reconsidere el arreglo de custodia y derechos de visita para asegurar que el mismo continúe siendo práctico bajo las nuevas circunstancias. Los fines de semana alternados no funcionan si es que los padres viven en los dos extremos opuestos del país.

La mayoría de los jueces ordenarán que ninguno de los padres se pueda reubicar sin antes obtener el permiso del otro padre de familia o de la corte. Esto es para proteger el derecho de ambos padres de mantener el contacto con sus hijos. Las cortes por lo general condonan la reubicación por motivo de educación o empleo. Sin embargo, la corte probablemente no condonará la reubicación para seguir a un novio o novia. Un padre quien se reubica o establece nuevamente con frecuencia podría ser considerado como inestable, y esto podría servir como base para que el otro padre pida a la corte la custodia plena o completa de los hijos.

Evaluando su situación

Antes de presentar una demanda para la custodia de sus hijos, existen varias cosas que usted debería considerar para determinar si una demanda ante la corte es su mejor opción y, si lo fuese, cuál es el mejor modo de proceder.

¿Puede usted llegar a un acuerdo mutuo?

Primero, usted debería intentar hablar con el otro padre para determinar si es que este asunto puede ser resuelto sin presentar un proceso litigioso ante la corte. Si lo es, entonces trabajen en conjunto para redactar un acuerdo que sea aceptable a ambos. Este documento deberá ser firmado por un juez y archivado en la corte.

Ejemplo: Jaime y María estuvieron de novios por doce años y tuvieron tres hijos juntos. Poco después de que terminara su relación, Jaime demandó la custodia de sus hijos ante una corte. Él supuso que debido a que él había terminado con la relación unilateralmente, María no estaría dispuesta a resolver la custodia de los hijos. María supuso que debido a que recibió los documentos de la corte, Jaime no quería resolver nada. En vez de hablar con él, ella se puso en contacto con un abogado.

En la mañana del día en que se fijo la audiencia para su caso, Jaime y María se encontraron en el estacionamiento.

Jaime dijo que sentía que su asunto haya llegado a pelearse en la corte y María dijo que deseaba poder arreglar las cosas. Luego de hablar unos cuantos minutos más, llegaron a un acuerdo. Le dijeron al juez que su caso había sido resuelto, y él le preguntó a María que por qué no lo habían resuelto antes de la audiencia en la corte. Ella dijo, "porque él no me lo preguntó".

¿Es una disputa obvia?

Usted no siempre debería dejar que la otra parte sepa de sus planes para demandar la custodia. Existen momentos en los que el elemento sorpresa podría obrar en su beneficio. Las siguientes son situaciones en las que usted permitiría que el sheriff notifique a la otra parte a su nombre:

> ### Consejo para los padres
> *Una vez que el menor llega a los 10 años de edad, las cortes podrían tomar en consideración lo que los niños quieran en términos de las decisiones acerca de la custodia y los derechos de visita. Sin embargo, hasta que lleguen a su mayoría de edad, ellos no podrá tomar las decisiones acerca de su bienestar.*

- ◆ si su hijo sufre de abuso o abandono;
- ◆ si la otra parte ha expresado muy claramente que él o ella nunca acordará a resolver el tema de la custodia;
- ◆ si el otro padre ha amenazado con huir de su comunidad con su hijo; o,
- ◆ si el otro padre tiene problemas con enfrentarse a usted.

¿Cuál es el mejor interés de su hijo?

Ponga algo de distancia entre usted y la situación y asegúrese que el lograr lo mejor para su hijo es su principal motivación. Podría ser de ayuda el buscar el consejo de personas que usted respete o admire. Si su hijo es lo suficientemente mayor y maduro para entender el problema, pídale su opinión. No ponga al niño o niña en una posición de tener que elegir entre sus padres, en vez de ello pregúntele que es lo que lo pondría más contento. Vea cómo está su hijo bajo las circunstancias actuales, y cómo el presentar una demanda para su custodia podría afectar su vida o afectar su rutina.

Por ejemplo, si usted sabe que su hijo tienen un problema de aprendizaje que requiere de tres a cuatro horas de tareas con la asistencia de un padre cada noche, y usted trabaja el turno de noche, podría no ser una buena idea que usted demande la custodia. O, si usted tienen otros compromisos que imposibilitan que usted le dé toda su atención a su hijo, tal vez usted no debería presentar la demanda.

Si usted tiene problemas continuos con el otro padre, usted necesita estar seguro de que sus razones para querer la custodia de sus hijos no estén de alguna manera relacionados a estos problemas y a su enojo con el otro padre. Usted no debería imponer algo que tenga un impacto tan significativo sobre sus hijos, debido a que ellos no tienen nada que ver con las peleas de los adultos.

¿Qué es lo que quiere el niño o niña?

A pesar que su hijo no siempre sabe lo que es en su mejor interés, usted debería por lo menos considerar los deseos de su hijo. Cuanto más edad tenga su hijo, tanto más deberían considerarse sus deseos. El demandar la custodia para un menor de 16 años de edad probablemente no es una buena idea si el menor no quiere estar bajo su custodia. A esa edad, ellos por lo general hacen lo que quieren y viven donde quieren vivir.

¿Es probable que usted tenga éxito?

Existen batallas por la custodia de los hijos que favorecen tanto a solo una de las partes que es difícil imaginar que hayan siquiera sido vistas por un juez. No presente una demanda por custodia a menos que usted tenga una oportunidad razonable de éxito. Verifique una vez más la lista de factores que las cortes en su estado consideran cuando otorgan la custodia. Si usted no tiene ninguno de estos factores a su favor, entonces tal vez usted deben pensar un poco más y con detenimiento antes de tomar una decisión acerca de requerir la custodia.

¿Está usted preparado para una batalla legal por la custodia?

Decida si usted está preparado para seguir el proceso hasta su conclusión. Los casos de custodia tienden a ser confrontaciones muy emocionales. Los procesos legales de custodia pueden ser onerosos financiera y físicamente. Si usted está manejando este asunto por si mismo, usted todavía necesita considerar el tiempo que usted necesitará tomar de su trabajo para presentar documentos y comparecer ante la corte.

¿Cuánto tiempo debería esperar antes de presentar la demanda?

El momento en el que usted presenta una demanda por custodia podría ser importante para el éxito de esta presentación, especialmente si su hijo está en este momento viviendo con su otro padre. En la mayoría de los estados, uno de los factores considerados por las cortes en decidir el tema de la custodia es el término de tiempo que el menor ha estado en un ambiente estable. Por tanto, cuanto más tiempo usted permita que su hijo permanezca con el otro padre, cuanto más el factor tiempo pesa a favor del otro padre.

Ejemplo: Francisco y Yolanda tienen dos hijos. Nunca estuvieron casados, y cuando su relación terminó, Yolanda fue otorgada la custodia. Yolanda se casó, pero había evidencia de que su nuevo marido era alcohólico y abusaba físicamente de Yolanda y sus hijos. Los hijos se quejaron con Francisco durante sus visitas con él. Francisco se enfrentó al padrastro y amenazó a Yolanda por tres años con que si ella no hacía algo él demandaría por la custodia. Finalmente Francisco presentó una demanda por custodia, diciéndole al juez que sus hijos vivían en un ambiente de abuso y que lo habían hecho por los últimos tres años. El juez le preguntó a Francisco por qué esperó tres años antes de hacer nada para remediar esta situación, si la misma era tan mala. Francisco no pudo darle al juez una respuesta satisfactoria y Yolanda retuvo la custodia.

¿Está usted preparado para el resultado?

Usted deberá prepararse para el fracaso, así como para la victoria. El perder una batalla de custodia puede ser devastador. Pero aún si a usted lo hieren, usted todavía tiene un hijo que necesita de ambos de sus padres. Sería un error que usted desaparezca de la vida de su hijo debido a que perdió la custodia. Su hijo se merece más. Usted todavía deberá tener una relación educad con el otro padre y de esta manera poder obrar como un adulto maduro, responsable de criar a un hijo. Si usted gana, usted debe estar preparado para tomar todas las obligaciones de el padre que tiene la custodia.

Ordenes para una custodia de emergencia

Si usted tiene la sospecha de que el otro padre tiene planes para retirar a su hijo del estado, o para reubicar al menor a un lugar donde a usted le sería difícil ejercer sus derechos de padre o mantener una relación con el niño o niña, entonces usted debería considerar el demandar un cambio en la custodia. Otra alternativa sería el buscar una orden de la corte prohibiendo al otro padre de mudarse.

Usted puede obtener una custodia temporal de emergencia hasta que la corte tenga la oportunidad de llevar a cabo una audiencia para la custodia permanente, pero solamente si:

Consejo para los padres

Usted debería demandar la custodia si su hijo se encuentra en peligro inmediato de ser abusado o abandonado, o si existe un peligro verdadero de que el otro padre se llevé al niño o niña y oculte su paradero o deje el país. En dichos casos, cualquier retraso reduce la oportunidad de éxito.

◆ el menor de edad está en peligro inmediato de ser abusado o abandonado, o

◆ si el menor de edad están en peligro de que su paradero sea encubierto.

Cualquiera sean las circunstancias, el mantener a su hijo seguro comienza con ciertas reglas básicas.

◆ Asegúrese que su hijo sepa su verdadero nombre.

◆ Enseñe a su hijo su nombre, número de teléfono (incluyendo el código de área), y su dirección (incluyendo ciudad, estado y código postal).

◆ Converse con su hijo acerca de cuándo es apropiado que llame al 911.

◆ Dígale a su hijo el nombre de personas a las que él o ella pueda recurrir para pedir ayuda.

◆ Juegue con su hijo a qué es lo que él o ella haría o cómo debería reaccionar en ciertas situaciones en las que se lo podría abusar, raptar o podría sufrir de violencia doméstica.

◆ Mantenga una fotografía actual de su hijo.

Tipos de casos de custodia

A pesar que existen numerosas razones para buscar la custodia, los casos por lo general tienen que ver con una de las siguientes tres situaciones.

1. Actualmente no existe una orden de custodia, y uno de los padres la requiere.

2. Ya existe una orden de custodia, y uno de los padres busca cambiar esa orden. Esto puede ser por varias razones, tales como que el padre que no tiene la custodia desea obtenerla, o cuando un padre que tiene la custodia desea obtener el permiso de la corte para mudarse a otro estado con su hijo.

3. Ya existe una orden de custodia que uno de los padres ha violado. Este es el caso casi siempre cuando el padre que no tiene la custodia se niega a devolver al hijo o hija al padre que sí tiene la custodia legal.

Obteniendo la custodia

Para poder obtener una orden de custodia, usted debe ser el padre del niño o niña. Si usted es la madre, sería muy raro que su estatus como madre sea un problema. Si existe duda de si usted es o no el padre, usted deberá necesitar resolver esta duda antes de poder obtener una orden de custodia. Esto se puede lograr al presentar una declaración jurada de paternidad (si la madre del menor acuerda que usted es el padre), o pidiendo la custodia en relación con un proceso legal para establecer la paternidad.

Cambiando la custodia

Las decisiones de custodia nunca son permanentes, a pesar que puede ser difícil convencer a un juez que cambie la custodia. Una orden de custodia puede ser cambiada si existe un cambio significativo de circunstancias en el hogar de la custodia que afectan de manera adversa a los mejores intereses del hijo o hija. Por lo general, el cambio debe involucrar al niño o niña y no tan solo a la situación de vida de los padres que no tienen la custodia. Por ejemplo, la custodia no se cambiará simplemente porque el padre que no tiene la custodia ha mejorado su situación financiera cosa que él o ella ahora está en una situación en que puede mejor proveer por el menor que el padre que sí tiene la custodia. (Tal cambio de circunstancias es por lo general más probable que resulte en un incremento en el monto de manutención de los niños por el padre que no tienen la custodia.)

Ejecutando el cumplimiento de la custodia

Si ya existe una orden que le otorga la custodia, y el otro padre se rehúsa a reconocer sus derechos como el padre con la custodia por medio de acciones tales como rehusarse a devolver a su hijo a tiempo luego de las visitas, o negándose a devolver a su hijo, entonces usted podría necesitar recurrir a la corte para que se obligue al cumplimiento de sus derechos de custodia.

Defendiendo un caso de custodia

No entré en pánico si usted recibe documentos del sheriff o en el correo para la custodia de sus hijos. El hecho que se haya presentado una demanda para custodia contra usted no es una indicación de que usted no tiene la capacidad de mantener la custodia ni de que usted la perderá. El perder la custodia no cancela sus derechos de padre o termina su relación legal con su hijo o hija. Solamente afecta su demanda legal para la posesión física de su hijo o hija.

Capítulo siete

Derechos de visita

De todos los tipos de proceso jurídico descritos en el presente libro, los que conciernen los derechos de visita suelen ser los más sencillos. No existen fórmulas matemáticas ni se usan tablas, el juez no tiene que considerar ningún conjunto de cuestiones complejas, no se usan análisis científicos ni se presentan testimonios complicados. Usualmente implica que usted informa al juez de lo que usted quiere, el otro padre le dice al juez lo que él o ella quiere, y el juez escoge un horario que le permita pasar una cantidad apropiada de tiempo con su hijo. Por supuesto, como con cualquier aspecto legal, los casos se pueden complicar.

Leyes y procedimientos de la custodia

La ley parte de la premisa que la mejor situación para un hijo es que éste mantenga un contacto frecuente con ambos padres. La excepción se da cuando el hijo sufriría daños, ya sea físicos o psicológicos, como resultado de su contacto con uno de los padres (esto se discute, más abajo, en el presente capítulo). Por lo tanto, si no existen preocupaciones de que el niño sea lastimado, usted debería poder asegurarse contar con el contacto con su hijo, ya sea por medio de la custodia permanente o a través de los derechos de visita. Puesto que la custodia permanente se describe en el Capítulo 6, el presente capítulo solamente girara en torno a los derechos de visita. Muy probablemente usted terminara procurando obtener los derechos de visita, ya sea porque le han negado la custodia permanente o porque usted prefiere la responsabilidad reducida que conllevan los dichos derechos.

Visitas acordadas

Si usted y el otro padre pueden acordar un arreglo satisfactorio para que usted pase tiempo con su hijo, no hará falta ningún proceso jurídico. Usualmente, tales arreglos solamente tienen éxito cuando ambos padres reconocen la necesidad de que su hijo pase tiempo con ambos padres, y si pueden comunicarse mutuamente con un mínimo de cortesía.

En el caso del padre que tiene la custodia permanente, la cortesía implica acordar, de antemano, el día y la hora de las visitas, preparar al niño para la hora acordada, cuando el otro padre está listo a llevárselo, conseguir que el niño esté vestido apropiadamente, estar en casa a la hora que el hijo le sea devuelto, y mostrar flexibilidad para acomodarse a las ocasiones cuando el hijo sea devuelto tarde o surgen otras circunstancias.

Por ejemplo, digamos que deberían traer a su hijo de vuelta a su casa a las 5:00 de la tarde. A las 4:30 p.m., el otro padre llama y le dice que sus padres acaban de llegar a su casa y le pide a usted devolver al niño a las 6:00 p.m. para que su hijo pueda visitar a los abuelos. Este es un pedido razonable que se debe aceptar, a menos que usted haya planeado otra actividad o por algún motivo razonable esto resultaría inconveniente.

En el caso del padre que no tiene la custodia permanente, la cortesía implica acordar, de antemano, el día y la hora de las visitas, llegar a tiempo para llevarse al hijo, devolverlo a tiempo al padre con la custodia, devolverlo con la ropa y las demás cosas que llevaba consigo cuando usted lo recogió, llamar al otro padre si usted llegará tarde o desea cambiar la hora de devolver al hijo, y mostrar flexibilidad para acomodarse a otras circunstancias que puedan surgir.

Por ejemplo, digamos que su hijo debía ser devuelto a su madre a las 5:00 de la tarde. A las 4:30 p.m., la madre de su hijo lo llama y le dice se ha quedado más tiempo de lo que esperaba en su cita con el médico. Ella le pide que le devuelvan a su hijo más tarde, a las 5:30 p.m. Este es un pedido razonable que se debe aceptar, a menos que usted haya planeado otra actividad o por algún motivo justificable esto resultaría inconveniente.

Las visitas funcionan mejor bajo tales circunstancias. Sin embargo, parece que muy pocos padres y madres pueden lograr que tales arreglos sean exitosos. En la mayoría de las situaciones, se necesita planear un horario más estricto. Los padres pueden hacer esto al redactar un horario y algunas reglas básicas, o en su defecto, también puede llevarse a cabo esto de una manera más formal por medio de una orden emitida por un tribunal.

Las órdenes de custodia

Como se mencionó anteriormente, un principio legal muy importante es que se sirve mejor los intereses de un hijo menor de edad al darle privilegios de visitas con el padre que no tiene la custodia permanente.

Los planes de custodia incluyen los siguientes:

◆ Los fines de semana. Las visitas en los fines de semana representan el plan más común ya que los niños no están asistiendo a la escuela y la mayoría de los padres no trabaja en este horario. Por lo general, los tribunales ordenarán un horario alternado que permite que ambos padres pasen tiempo con su hijo los días que no están trabajando.

◆ Los veranos. Las visitas veraniegas pueden variar entre una semana y el tiempo completo que su hijo no asiste a la escuela por vacaciones de verano. Si el hijo pasará todo el verano con el padre que no tiene la custodia permanente, muchas veces se otorga al padre que sí la tiene el derecho de visita cada otro fin de semana. Esto esencialmente invierte, durante el verano, el arreglo de custodia permanente y visitas.

◆ El cumpleaños del niño. Usualmente se otorga al padre que no tiene custodia permanente el derecho a visitar a su hijo entre dos y cuatro horas durante el cumpleaños del niño.

◆ El cumpleaños del padre sin custodia permanente. A este progenitor, usualmente se le otorga el derecho a visitar a su hijo por entre dos y cuatro horas durante su propio cumpleaños.

◆ El día del padre. Usualmente se permite que el hijo pase el día del padre con su padre.

◆ El día de la madre. Usualmente se permite que el hijo pase el día de la madre con su madre.

◆ Días feriados. Típicamente se alternan los días feriados, de modo que el niño pasa un feriado con un progenitor, y el siguiente lo pasa con el otro. Los feriados pueden encontrarse alternados de un año a otro; por ejemplo, el niño podría pasar la Navidad con su padre en cierto año, y pasar la Navidad con su madre en el año siguiente. A continuación se presentan ejemplos de otras maneras en las que un tribunal podría tratar las visitas durante los días festivos.

  • En los años que terminan en un número par, el padre sin la custodia permanente visita a su hijo durante el período entero de vacaciones de la escuela, comenzando a las 5:00 p.m. el miércoles antes del Día de Acción de Gracias y continuando hasta las 6:00 p.m. el domingo después de aquel día. El padre con la custodia permanente retendrá la custodia del niño durante la vacación entera de este día festivo en los años que terminan en un número impar.

  • El padre sin la custodia permanente visita al niño durante la primera parte de la vacación escolar navideña todos los años, comenzando a las 5:00 p.m. el último día de clases antes de las vacaciones navideñas y continuando hasta la 1:00 p.m. el día de la Navidad.

El horario de visitas deberá ser bastante detallado, de modo que usted y el padre con la custodia permanente sepan qué pueden esperar. Por lo general, lo que se delinea en la orden es la cantidad mínima de tiempo que usted tiene el derecho a pasar con su hijo. El padre con la custodia permanente siempre puede acordar en darle más tiempo de lo que estipula la orden del juez respecto a las visitas. Sin embargo, usted deberá atenerse a ese horario siempre que sea práctico.

Ejemplo: *Roberto y Maribel tuvieron dos hijos, y luego su relación terminó. Se le otorgó a Roberto la custodia permanente de los niños. El tribunal le otorgó a Maribel las visitas en fines de semana alternados. No obstante, Roberto frecuentemente permitía que Maribel visitara a sus hijos cuando ella quería. Solamente limitaba sus visitas al horario ordenado por el tribunal cuando estaba enojado con ella porque no hacía los pagos de manutención a tiempo o no quería cuidar a los niños cuando él no podía. Maribel solamente insistía en que Roberto siguiera la orden cuando ella estaba enojada con él y estaba convencida de que seguir la orden lo incomodaría. Los hijos eran los que sufrían por la conducta de sus padres porque nunca sabían cuándo iban a ver a su madre.*

Una ventaja de seguir el plan de visitas ordenado por el tribunal es que todos sabrán lo que deben esperar. El padre con la custodia permanente puede hacer sus planes porque sabe que sus hijos estarán con el otro padre. El padre sin la custodia permanente puede hacer sus planes porque sabe exactamente cuándo pasará tiempo con sus hijos. Al seguir la orden, también se reduce la posibilidad de que el padre con la custodia permanente tenga que demandar al otro padre por dejar de atenerse al orden de visitas.

Si se desvía habitualmente de la orden, esta puede ser modificada, lo cual podría limitar las horas en que usted puede visitar a sus hijos al tiempo que realmente pasa con ellos en vez de lo que aparece en los formularios del tribunal. Por ejemplo, si la orden del tribunal le otorga al padre sin la custodia permanente las visitas cada otro fin de semana pero él o ella solamente visita un fin de semana al mes, el padre con la custodia permanente puede pedir al juez que cambie la orden para que estipule que las visitas se lleven a cabo un fin de semana al mes. Es muy posible que el padre con la custodia permanente tenga éxito en lograr que se cambie las horas de visitas de esta manera.

Las visitas progresivas

En ciertos casos el tribunal ordenara un horario progresivo o gradual. A continuación se presentan dos ejemplos de casos en los que el tribunal emitiría esta clase de horario:

1. El niño es muy pequeño para pasar grandes cantidades de tiempo separado del padre con la custodia permanente, o
2. Se necesita establecer la relación entre el niño y el padre que demanda la custodia.

Por ejemplo, un horario progresivo ordenado por el tribunal puede ser el siguiente:

Durante los primeros seis meses, las visitas se llevaran a cabo dos veces a la semana por cuatro horas.

Después del período de seis meses y durante los siguientes dos años, las visitas se llevaran a cabo los sábados y domingos alternados durante seis horas cada día.

Después de este tiempo, las visitas se llevaran a cabo los fines de semana alternados comenzando el viernes a las 5:00 p.m. y continuando hasta el domingo a las 6:00 p.m.

Las visitas hasta el día siguiente

Los horarios de visitas no incluyen, automáticamente, el derecho a quedarse de visita toda la noche. Por lo general, la mayoría de los planes de visitas incluyen algún período de visitas que duren toda la noche hasta la mañana siguiente. Sin embargo, en ciertos casos el tribunal tal vez no otorgue dicho tipo de visitas. A continuación se describen algunos motivos por los que un juez tal vez no otorgue el derecho a visitar a su hijo toda la noche.

◆ El juez cree que el niño es muy pequeño para pasar la noche separado del padre que tiene la custodia permanente. Las visitas por la noche pueden ser especialmente molestas cuando la madre está amamantando.

◆ El juez cree que el niño necesita más tiempo para formar un lazo afectivo con un padre antes de pasar la noche el.

◆ El padre que ha pedido las visitas de toda la noche no tiene una residencia apropiado donde su hijo puede pasar la noche. Por ejemplo, una cama en una habitación de una sucursal de la Asociación de Jóvenes Cristianos o YMCA no se consideraría un lugar apropiada para que un niño pequeño pasara la noche.

◆ El padre que procura los derechos de visita no mantiene un ambiente hogareño apropiado para que un niño hiciera noche. Por ejemplo, si se convive con una persona del otro sexo en una situación extra marital, esta conducta todavía no se considera como apropiada por muchos tribunales.

◆ El padre que procura los derechos de visita no ha expresado que le interesen las visitas que duren toda la noche.

Si usted desea obtener el derecho a visitas que duren toda la noche, acuda al tribunal preparado para demostrar al juez que usted tiene un hogar apropiado. Traiga fotografías de su residencia y del cuarto donde su hijo dormirá. La necesidad de tener cuartos separados dependerá de la edad y el sexo del hijo. Los tribunales aceptarán que un varón adolescente comparta una alcoba con su padre, pero probablemente rechazarán que una hija que ya es una señorita adolescente comparta una alcoba con su padre. Asegúrese de comprar todo lo que el niño necesite, como una cuna, silla alta o lo que sea apropiado a su edad. Esté preparado a explicar quiénes viven en el hogar y quiénes estarán presentes durante las visitas.

Las visitas supervisadas

El derecho a visitas supervisadas quiere decir que las visitas deben llevarse a cabo bajo la supervisión directa de una persona designada por el tribunal. Dicha supervisión es ordenada por el tribunal en base a la conclusión por parte del juez que el padre puede representar una amenaza al niño si estas no fueran supervisadas. La cuestión de la supervisión usualmente se plantea cuando el padre con la custodia permanente pide que las visitas sean supervisadas, o cuando un asistente social recomienda la supervisión. Existen muchos motivos para que se ordene que las visitas de alguien sean supervisadas:

◆ Existe alguna duda respecto a la capacidad del padre que visita para cuidar del niño. Por ejemplo, el padre de una criatura recién nacida tal vez necesite tener visitas supervisadas hasta que llegue a estar más cómodo con el cuidado de una criatura tan pequeña.

◆ Existe una posibilidad razonable de que el padre rapte al niño. Consideremos el siguiente ejemplo: Una madre y un padre se hallaban en una lucha enconada por la custodia. Antes de que el juez pudiera emitir una orden, la madre huyó y rapto al niño. Cuatro años más tarde, la descubrieron y se otorgó al padre la custodia permanente. Se le permitió a la madre derechos de visita; no obstante, el tribunal ordenó que las visitas fueran supervisadas a fin de impedir que la madre volviera a huir y raptar al niño.

◆ Existe alguna evidencia de que el niño fue abusado sexual o físicamente. En casos cuando se ha separado a un niño de un padre o madre por motivo de abusos, la supervisión de las visitas puede ser necesaria para proteger al niño.

Se pueden nombrar a varias personas para supervisar las visitas, entre ellas las siguientes:

◆ El otro progenitor. Puesto que este arreglo puede suscitar tensiones en una relación ya hostil, los tribunales usualmente permiten que el otro progenitor supervise las visitas solamente si nadie más está disponible para hacerlo. En casos de hijos recién nacidos, el otro padre también puede representar la opción más práctica.

◆ Una visitadora social. Esta persona será el candidato más probable para supervisar las visitas si una agencia de servicios sociales para niños está relacionada con el caso.

◆ Una tercer parte. Los tribunales prefieren personas tales como los abuelos del niño, amigos de la familia u otra persona que ambos progenitores pueden aceptar en este papel porque los tribunales quieren que las visitas sean una experiencia agradable para todos los participantes.

Los derechos de visita y la custodia

Los derechos de visita representan, en realidad, una forma de custodia. Durante el tiempo que su hijo pasa con usted, es usted quien tiene la custodia de él. Si un padre o madre pierde la custodia permanente, usualmente se le otorgará los derechos de visita. La duración de las visitas y la presencia de la supervisión dependerán de las circunstancias del caso. La duración de las visitas dependerá de lo que el juez considera como los mejores intereses de su hijo. Los horarios típicos de visitos incluyen cada otro fin de semana y los días feriados alternados.

La mayor diferencia entre la custodia permanente y las visitas es la duración del período de custodia. Por lo general, las visitas duran mucho menos tiempo, aunque en ciertos casos pueden durar mucho tiempo. En tales casos, el tiempo que un padre pasa con su hijo podría exceder el tiempo que pasa con su hijo un padre que tiene la custodia compartida.

Ejemplo: *A Héctor le otorgaron los derechos de visitar a sus hijos una tarde cada semana, y todos los fines de semana desde el viernes hasta el domingo por la tarde. También le dieron una semana durante las vacaciones navideñas y ocho semanas durante los meses veraniegos. A Miguel le otorgaron la custodia compartida, en la que pudo pasar diez semanas con su hijo durante los meses veraniegos. Héctor, quien solamente tiene los derechos de visita, en realidad puede pasar más tiempo con sus hijos que Miguel, quien tiene la custodia permanente.*

Por esto, no conviene que usted le de demasiada importancia a términos que al final pudieran no ser más que palabras.

Los derechos de visita y los pagos de manutención

Usted necesita saber que no existe ninguna relación directa entre las visitas y los pagos de manutención. Si el otro padre no le permite las visitas, usted igual tiene que hacer pagos de manutención. De igual manera, si el otro padre no hace pagos de manutención, usted igual tiene que permitir las visitas. La idea es que los mejores intereses del niño son servidos tanto por las visitas como los pagos de manutención. Si una de estas cosas no se le provee, esto no significa que la otra debe retenerse. En algunos estados, la ley permite créditos de pagos de manutención a cambio de visitas de larga duración.

Visitas de terceras partes

Por lo general, un progenitor biológico se halla obligado a permitir las visitas únicamente del otro progenitor biológico de su hijo. No obstante, se pueden aplicar excepciones a esta regla general en caso de una tercera persona que ha desarrollado un rol significativo en la vida del niño y el caso de que se servirían los mejores intereses del mismo permitiendo que esta persona lo visitara. Por ejemplo, consideremos la situación de un niño que pasa los primeros tres años de su vida al cuidado de su tía porque sus padres no la podían cuidar. Si la madre consigue recomponer su vida y vuelve a obtener la custodia de la niña, es muy posible que le otorguen privilegios de visita a la tía.

En ciertas jurisdicciones se permiten las visitas de los abuelos. Por lo general, un abuelo solamente tendrá derechos de visita cuando ya se ha establecido una relación con el niño y la relación entre los padres biológicos ya ha terminado. En tales casos, puede ser muy difícil negarle a un abuelo los derechos de visita si este decide demandarlos. El tribunal, al emitir una orden respecto a las visitas, se enfocará en lo que promueva los mejores intereses del niño. Esto deberá ser su enfoque también.

Cómo evaluar su situación

Excepto cuando se indique lo contrario, la siguiente sección parte de la premisa de que el padre del niño inicia el proceso jurídico. Típicamente, hay tres situaciones en las que se plantea el derecho de visitas ante el tribunal.

1. No ha existido nunca una orden de visitas, y usted pide al tribunal que emita tal orden.

2. Ya existe una orden de visitas, y usted pide al tribunal que la cambie.

3. Ya existe una orden de visitas, pero la madre con la

custodia permanente no la sigue, y usted pide al tribunal que ordene a la madre a que la siga.

Cada una de estas situaciones puede requerir un planteamiento un poco diferente. No olvide que usted y el otro padre siempre pueden acordar cambiar el acuerdo sobre visitas voluntariamente.

Al establecer una orden inicial de visitas o al cambiar una orden existente, usted deberá primero preguntarse a sí mismo: ¿por cuánto tiempo necesito visitar a mi hijo? La respuesta general es que usted necesita un tiempo suficiente como para tener una relación significativa con su hijo. Puede ser difícil medir la cantidad exacta de tiempo que esto requiere. En ciertas situaciones los niños que viven con ambos padres pasan poco tiempo con ellos debido a las carreras profesionales de los mismos. Especialmente a medida que crecen los niños, pueden tender a pasar más tiempo con sus amigos que con sus padres. La duración de las visitas debe medirse por la calidad del tiempo compartido y no de acuerdo a una cantidad determinada de tiempo.

Una pregunta relacionada es: ¿cuánto tiempo quiero yo pasar con mi hijo? La respuesta a esta pregunta dependerá de sus circunstancias, y se pueden tomar en cuenta cosas tales como la cantidad de tiempo que usted dispone, su relación con su hijo y las actividades que desea desarrollar.

Maneras de procurar los derechos de visita

A fin de obtener una orden de visitas, usted tiene que ser el progenitor del niño. Si existen dudas respecto a si usted es el padre del niño, usted necesitará zanjar esa cuestión antes de obtener una orden de visitas. Esto se puede lograr entregando al tribunal una Declaración Jurada de Paternidad (si la madre del niño está de acuerdo con que usted es el padre), o procurando los derechos de visita en conexión con una demanda para establecer la paternidad. Una vez que se resuelva la cuestión de la paternidad (o si no se plantea esta cuestión), usted necesitará dar al juez un horario propuesto de las visitas.

Maneras de cambiar el horario de visitas

Los tres motivos más comunes para cambiar una orden de visitas son los siguientes:

1. Las circunstancias del hijo han cambiado, de modo que se necesita cambiar la orden de visitas. Esto podría obedecer a que su hijo ya es mayor (la duración apropiada de las visitas para un niño de 6 años puede ser distinta de la de un joven de 15), la participación del hijo en ciertas actividades, o el desarrollo de problemas médicos.

2. Las circunstancias de uno o ambos progenitores han cambiado (como, por ejemplo, si uno se ha mudado a un jugar más lejano).

3. La orden necesita redactarse de forma más específica a fin de eliminar los desacuerdos entre los padres. Se desea una orden que detalle muy específicamente todos los aspectos de las visitas, de modo que quede absolutamente claro, para ambos progenitores, lo que debe suceder. Por supuesto, si la orden ya es de por si bastante específica, una nueva orden no podrá resolver nada. En tal caso, usted necesita procurar la ejecución de la orden, en vez de procurar la emisión de una nueva.

En las primeras dos situaciones, le corresponderá a usted demostrar que las circunstancias han cambiado. Usualmente esto es bastante sencillo: usted le describirá la situación al juez, y ofrecerá una propuesta de una nueva orden de visitas que resuelva el problema.

En la tercera situación, usted necesitará demostrar que existen desacuerdos entre usted y el otro padre con motivo de las visitas. Esto con frecuencia quedará se evidenciara a través del expediente de su caso, ya que se habrán registrado audiencias anteriores en las que usted procuró la ejecución de la orden. En tales casos, se hará evidente, ante juez, que la orden existente no cumple su cometido (o que se necesita una acción más potente para obligar al padre con la custodia permanente a que obedezca la orden).

La ejecución de las órdenes de visitas

Si el padre con la custodia permanente no permite las visitas según los requerimientos de la orden de visitas, a menudo el otro padre encuentra necesario solicitar al juez que ordene al primer padre que se atenga a la orden. Esto se logra solicitando lo que se denomina una *Order to Show Cause* (Orden para demostrar el motivo). En términos sencillos, se ordena al padre con la custodia permanente que comparezca ante el juez y demuestre los motivos por los que él o ella no debe ser considerada en desacato ante el tribunal y encarcelada por no obedecer la orden del tribunal.

Por motivos prácticos, muy raramente se encarcela al padre con la custodia permanente. El encarcelamiento sucede únicamente cuando este progenitor ha prevenido las visitas repetidas veces, sin buenos motivos. Lo que sucede usualmente, es que este progenitor explica por qué él o ella se ha rehusado a permitir que se lleven a cabo las visitas. Sus motivos pueden ser considerados como válidos (vea "La negación a permitir las visitas" en la siguiente página) o inválidos, como por ejemplo, el padre sin la custodia permanente no ha hecho pagos de manutención o le devolvió el niño tarde después del periodo previo de visitas.

El juez probablemente sermoneará a los padres sobre la necesidad de que colaboren por el bien del niño, les explicará cómo él o ella espera que manejen el problema en el futuro, les explicará que espera que se obedezca la orden, y posiblemente la modificará para eliminar algún motivo de duda o algo que no fuera lo suficientemente específico. Otra opción podría ser que el juez le otorgara la custodia permanente a usted.

Si usted sigue teniendo problemas con las visitas, puede ser necesario acudir al tribunal varias veces antes de que el juez tome la acción drástica de encarcelar al padre con la custodia permanente hasta que él o ella acepte obedecer la orden de visitas. Sin embargo, casi todos los jueces son más renuentes a encarcelar a una mujer por desacatar una orden de visitas, que a encarcelar a un hombre por dejar de hacer los pagos de manutención.

La negación a permitir que se lleven a cabo las visitas.
En unos pocos casos, un padre o una madre pudiese estar justificada en negarle las visitas al padre sin la custodia permanente.

1. El niño está enfermo. Un síntoma de nariz congestionada en el niño no es suficiente como para negarse a permitir que él visite al padre sin la custodia permanente. No obstante, un caso grave de gripe sería suficiente motivo como negarse a permitir una visita. Si su hijo está enfermo, tenga la cortesía de informar al otro padre de que los planes de la visita tal vez necesiten cambiarse.

2. Existen motivos legítimos de preocupación por el bienestar del niño. Por ejemplo, si el padre sin la custodia permanente se presenta intoxicado o no tiene un asiento de seguridad para el coche, el otro padre estaría justificado en negar que el niño lo visitara.Utilice su mejor juicio; pero tenga presente que las negaciones constantes a obedecer una orden del tribunal sin justificación, podrían tener como resultado que usted pierda la custodia del niño, o que sea considerado en desacato del tribunal y encarcelado.

Las demandas sobre los derechos de visita

Si el otro padre procura derechos de visita que usted no quiere que él o ella tenga, o si este lo acusa a usted de desobedecer una orden existente de visitas, usted será el demandado en un proceso sobre los derechos de visita. Su defensa dependerá de las circunstancias. En cualquier caso, usted debe enfatizar lo que sea mejor para su hijo.

Si el otro padre intenta obtener los derechos de visita y usted se opone a esto, necesitará explicar (y evidenciar por medio de pruebas) por qué el otro padre no debe tener los derechos de visita que el procura. Usted tal vez quiera limitar o restringir las visitas que el otro padre pide, o tal vez quiera negar totalmente cualquier visita. En todo caso, usted necesita demostrar que las visitas que se procuran serían dañinas para su hijo.

Si lo acusan a usted de no seguir una orden existente de visitas, usted necesitará demostrar, ya sea que no desobedeció la orden, o que tuvo buenos motivos para no cumplirla.

Consideraciones previas a la demanda

Antes de presentar una demanda de derechos de visita, usted deberá considerar varias cosas, entre ellas las siguientes, que son algunas de las más importantes:

◆ Se debe considerar la cantidad de tiempo que usted dispone para pasar con sus hijos. Si usted trabaja los fines de semana, tiene poco sentido que sus hijos lo visiten el sábado y domingo ya que pasarán la mayor parte del tiempo con un cuidador de niños. Asimismo, si usted trabaja a altas horas de la madrugada, tiene poco sentido llevar a sus hijos temprano por la mañana si usted estará durmiendo la mayoría de este tiempo.

◆ Si su horario laboral cambia, usted tal vez tenga que volver al tribunal y pedir que se cambien la horas de visitas para ajustarse a su horario. La mayoría de los tribunales aceptarán aquellos pedidos razonables para acomodarse a su horario laboral, pero no su horario social. Las horas de las visitas también pueden tener que modificarse cada tanto para acomodar el horario del otro padre.

◆ Se deben acomodar de forma razonable las necesidades del niño. Si su hijo o hija juega al fútbol y usted no puede llevarla a los partidos, intente programar las visitas basándose en los partidos. Algunos jóvenes tienen los horarios llenos de más actividades que sus padres. Sea flexible, pero tampoco permita que el horario de sus hijos dicte completamente las horas en que usted los visita.

◆ Si usted vive lejos de su hijo, considere los gastos y el tiempo necesario para las visitas. Si usted vive al otro lado del país, tal vez no sea buena idea insistir en visitas de cada fin de semana en otro. Sea razonable y tenga en cuenta que no tiene sentido pedir o comprometerse a visitar a sus hijos por más tiempo de lo que resulta posible.

El uso de los derechos de visita

La clave para tener los derechos de visita es usarlos. Algunas personas se someten a la molestia y a los gastos involucrados en demandar las visitas, pero luego no cumplen con su palabra. Les estorba su trabajo u otros compromisos. Si usted no usa los derechos de visita que ha recibido, podría experimentar uno de los siguientes resultados:

◆ Se pueden reducir severamente sus privilegios de visita. Por ejemplo, a James le otorgaron privilegios generosos de visita. Él usó todo el tiempo disponible durante los seis meses después de que se emitió la orden de visitas. Entonces encontró a una novia y el tiempo que pasaba con ella empezó a reducir el tiempo que pasaba con su hijo. La madre del niño entregó una moción en la que pidió al tribunal que redujera los derechos de visita de James para ajustarlos a la cantidad de tiempo que realmente pasaba con el niño. El tribunal acepto la moción de la madre he hizo los cambios correspondientes a la orden.

◆ El niño ya no querrá visitarlo. Si él o ella no puede depender en usted para actuar en consecuencia con su compromiso para visitarla, su hijo tal vez haga otros planes y no desee continuar con las visitas. Es mejor para todos si el hijo desea las visitas. Si estas lo dejan con los sentimientos perturbados, el otro padre tal vez actúe para restringir los derechos de visita.

Maneras de obligar a un padre a que realice las visitas

El padre con la custodia permanente probablemente podrá acudir al tribunal para obligar al otro padre a visitar al niño. Sin embargo, tal vez no sea buena idea imponer la responsabilidad de cuidar a sus hijos a una persona que tiene que ser obligada a pasar tiempo con ellos.

Maneras de obligar a que un hijo visite al otro padre

Cuando se ha acusado a los padres con la custodia permanente que han negado las visitas, han argumentado comúnmente que el niño no quiere irse para visitar al otro padre. A menos que se puede presentar pruebas de abusos, la mayoría de los jueces no aceptará esto como justificativo para desobedecer una orden de visitas. Los jueces frecuentemente le dirán al padre con la custodia permanente que él o ella tiene el deber paternal de lograr que las visitas sucedan. Es el padre o la madre, no el hijo, quien debe controlar la situación.

Las responsabilidades durante las visitas

Cuando usted tiene a su hijo bajo su cuidado, está libre para escoger la manera de cuidarlo. A menos que el tribunal emita una orden a lo contrario, usted puede relacionarse con quien quiere y puede viajar temporalmente a otro estado (como para una vacación o para visitar a parientes). Sin embargo, usted debe siempre portarse de forma responsable y mantener un ambiente que promueva el bienestar de su hijo.

Capítulo ocho

La manutención de niños

El mantenimiento económico de un hijo es una obligación impuesta tanto al padre como a la madre por la ley estatal. Sea quien sea el que tiene el estatus legal de padre—biológica o legalmente, como en los casos de adopción—esta persona es la responsable de mantener al niño, independiente de si los padres están casados, divorciados o nunca estuvieron casados.

Leyes y procedimientos de la manutención de niños

El presente capítulo trata de aquellos casos en los cuales uno de los padres no ayuda al otro a mantener a su hijo. Si usted no recibe asistencia financiera del otro padre, este capítulo le explica cómo proceder a solicitar una orden del tribunal que requiera que el otro padre contribuya económicamente. Si le han notificado con un actuado de la corte que lo obliga a hacer pagos de manutención de niños, este capítulo le explica lo que se puede esperar y las maneras de defenderse.

Si el padre o la madre con quien el niño vive solicita al estado prestaciones de asistencia social—usualmente, la Ayuda a Familias con Hijos Dependientes (*Aid to Families with Dependent Children*, o AFDC)—la agencia estatal apropiada iniciará acciones a fin de obtener pagos de manutención del otro padre.

Si ninguno de los padres puede mantener a un hijo, ellos deben buscar la ayuda del gobierno, a través de, por ejemplo, prestaciones del sistema de asistencia social. Si ninguno de los padres mantiene a su hijo, la agencia estatal de protección de menores puede intervenir para mantener al niño y posiblemente acusar a los padres de descuido ante el tribunal. El presente libro no gira en torno a ninguna de estas dos situaciones.

Un tribunal puede ordenar a uno de los padres que haga pagos de manutención de niños al otro padre o a una tercera persona. Si el padre o la madre con quien vive el niño recibe pagos de AFDC a favor del niño, los pagos de manutención se enviarán al gobierno como un reembolso parcial de los pagos de AFDC. Si el niño no vive con ninguno de los padres, los pagos de manutención pueden ser recibidos por la persona que tenga custodia del niño.

Ejemplo: *Carlos y Odelita no se casaron nunca y tuvieron tres hijos juntos. Su relación terminó y los hijos fueron a vivir con Odelita. Tres meses más tarde, ella fue detenida y encarcelada. Los padres de Carlos entonces demandaron la custodia. Carlos no se esforzó por obtener la custodia porque dio por sentado que, mientras los niños no vivan con su madre, él no tendría que hacer pagos de manutención. Carlos hacía pagos a sus padres de vez en cuando durante algún tiempo, pero eventualmente dejó de pagarlos. Los padres de Carlos lo demandaron y el juez ordenó que Carlos hiciera pagos de manutención.*

En muchos casos, independientemente de quién termina recibiendo los pagos, estos se hacen a una agencia estatal que mantiene el registro de los pagos y los desembolsa a la persona apropiada.

Maneras de determinar el monto de los pagos

A la hora de determinar la cantidad de los pagos de manutención, los tribunales típicamente consideran los siguientes dos factores:

1. las necesidades financieras del niño y
2. la capacidad financiera de los padres para satisfacer estas necesidades.

La mayoría de los estados han creado regulaciones de los pagos de manutención. Estas se pueden encontrar en los estatutos o la ley estatal, o pueden ser creados por una sentencia del tribunal, una agencia estatal o algún comité. Usualmente contienen una tabla, una fórmula matemática o una combinación de las mismas. Tales regulaciones son creadas con el proposito de calcular los pagos de manutención de un niño a partir de los ingresos de ambos padres y la cantidad que gastarían para mantener a sus hijos si todos vivieran juntos en el hogar. Dichas regulaciones se revisan periódicamente para mantenerlas vigentes tomando en cuenta la inflación y los costos de vida en el estado que las impone.

> ## Consejo para los padres
>
> *Las regulaciones de manutención están diseñadas para ofrecer un tratamiento bastante igualitario a personas en todas partes del estado y para eliminar las variaciones extremas que resultan de la discrecionalidad del juez tiene a momento de determinar la cantidad de pensiones o el monto de manutención.*

Existen estatutos federales que pretenden lograr que los estados colaboren para ejecutar las órdenes de pagos de manutención e impedir que una persona evite su obligación de hacer pagos de manutención al mudarse a otro estado.

Las regulaciones de muchos estados utilizan el siguiente procedimiento básico para determinar la cantidad de pagos de manutención:

◆ Se determina el ingreso bruto de cada parte. Estos son, en términos sencillos, los ingresos antes de la deducción de impuestos y otros gastos.

◆ Se permiten deducciones específicas, las cuales se sustraen del ingreso bruto para calcular el ingreso neto. Típicamente, se permiten deducciones para tales cosas como los impuestos de ingresos, el Seguro Social, pagos obligatorios de sindicatos y primas de seguros médicos que se pagan a favor de los hijos.

◆ Se suman los ingresos netos de ambas partes para calcular un ingreso combinado.

◆ Se consulta una tabla que utiliza el ingreso combinado para determinar las necesidades financieras de la cantidad de niños a favor de los cuales se harán los pagos.

◆ Se calcula el porcentaje del ingreso combinado, correspondiente al padre y a la madre, y se lo aplica a las necesidades de los hijos para determinar la contribución de cada progenitor.

◆ Se hacen varios ajustes para tomar en cuenta circunstancias especiales.

A la hora de calcular los pagos de manutención, las regulaciones típicamente toman en cuenta varios factores que pueden incluir los siguientes:

Ingresos de las partes. El sueldo de cada parte usualmente forma el punto de partida, y la consideración más importante, para determinar la cantidad de los pagos. Con este fin, se suelen incluir las siguientes fuentes de ingresos para determinar el ingreso bruto:

◆ sueldos y salarios;

◆ remuneración por horas extras;

◆ dividendos de acciones;

◆ pagos de indemnización por despido;

◆ pensiones;

◆ ingresos de intereses;

◆ ingresos de fideicomisos;

◆ pagos de anualidades;

◆ ganancias de capital;

◆ pagos del Seguro Social;

◆ pagos de indemnización de los trabajadores;

◆ pagos del seguro de desempleo;

◆ pagos por incapacidad y pólizas de seguro;

◆ regalos y premios;

◆ pagos de manutención conyugal (usualmente se incluye en los ingresos solamente si son pagados por otro que la parte contrincante o la parte de quien usted solicita recibir pagos de manutención de niños); y,

◆ comisiones y bonificaciones. (Se incluyen las bonificaciones de una única vez, pero estas usualmente se distinguen de los ingresos normales. Por ejemplo, si usted recibe una bonificación única de $50,000 en 2007, esta se incluirá como parte de su obligación de 2007 pero no se utilizará para determinar la cantidad de los pagos en otros años.)

Seguros médicos. La cantidad de seguros médicos que se paga a favor de un hijo menor de edad se incluirá en los cálculos de pagos de manutención. El pago de manutención realizado por el padre sin la custodia será mayor si el padre con la custodia paga los seguros, y será menor si el padre sin la custodia los paga.

El cuidado de niños. Los gastos del cuidado de niños relacionado con el trabajo se incluirán en la ecuación. La persona que hace pagos de manutención usualmente no tendrá que pagar los gastos de cuidado de niños además de los pagos obligatorios de manutención.

Expensas extraordinarias. Si el niño necesita aparatos de ortodoncia o tratamientos médicos especiales para condiciones tales como el asma o la consejería psiquiátrica, estas consideraciones serán tomadas en cuenta a la hora de calcular la cantidad de los pagos de manutención. Otras expensas extraordinarias incluyen aquellas asociadas con escuelas especiales o expensas de los viajes para visitar a cada padre. El tribunal determinará si las expensas se considerarán como extraordinarias.

Prestaciones de asistencia social. La ayuda pública o *Supplemental Security Income* (SSI) usualmente no se consideran como ingresos, y no se consideran de ninguna otra manera en los cálculos de pagos de manutención.

Compensación que consta de automóviles o viviendas. Cosas provistas por un empleador, como automóviles o viviendas, por lo general se considerarán como ingresos si reducen sustancialmente las expensas de vida de la persona que las recibe. Por ejemplo, si usted gana solamente $12,000 al año pero sus expensas de vida no suman más de $300 al mes porque usted no tiene gastos de transporte, alimento ni vivienda, sus ingresos serán ajustados para incluir las cosas que usted recibe como ingresos.

Ingreso imputado. El ingreso imputado es el ingreso que usted podría recibir si consiguiera un empleo en un ámbito compatible con su formación académica, capacitación o experiencias. El tribunal determinará los pagos de manutención según el ingreso imputado, o posible, cuando se ha establecido que una parte ocultó a propósito la cantidad verdadera de sus ingresos a fin de minimizar su obligación de pagos de manutención. Por ejemplo, si usted es médico y abandona su oficio para trabajar en un restaurante de comida rápida tres días después de ser notificado que la madre de sus hijos planifica demandar los pagos de manutención, probablemente el tribunal calculará la cantidad de los pagos según sus ingresos posibles como médico.

El tribunal no utilizará el ingreso potencial cuando el progenitor con la custodia acepta un empleo con un sueldo menor, o trabaja menos horas, para quedarse en casa con un hijo pequeño, usualmente menor de 3 años de edad.

El número de los hijos. La ecuación toma en cuenta el número de hijos implicados. Esto puede incluir el número de los hijos de la persona que recibirá los pagos y el número de los hijos de la persona a quien se pide hacer los pagos. Los cálculos también toman en cuenta la cantidad de niños que ya reciben pagos de manutención por medio de una orden separada del tribunal. Si usted hace pagos por cuenta propia, sin la obligación de una orden del tribunal, estos por lo general no se incluirán en los cálculos.

> ## Consejo para los padres
> *Los pagos de manutención se calculan según las necesidades del niño y la teoría que ambas partes deben contribuir algo a la manutención de los hijos.*

Los siguientes factores no son relevantes, por lo general, para los cálculos de pagos de manutención:

◆ la edad de los hijos;
◆ la edad de las partes de la demanda de manutención;
◆ las otras obligaciones financieras de la parte que hace o que recibe pagos de manutención;
◆ la relación entre las partes y los niños;
◆ la dificultad económica impuesta en la parte que hace los pagos; y,
◆ la necesidad de dinero de la parte que hace los pagos.

Ejemplo: *Nando no pudo entender por qué tenía que hacer pagos de manutención a su ex-novia. Los dos tenían dos hijos pequeños que vivían con ella. Dos años después del fin de la relación, ella se graduó de la universidad con un título en derecho. Empezó a ganar el doble del dinero que Nando ganaba. Tres años después de graduarse, se casó con un médico que ganaba varias veces más dinero que Nando.*

Nando ganaba aproximadamente $40,000 al año y tenía que pagar aproximadamente $600 por mes como manutención. Nando argumento que, puesto que sus hijos tenían un estilo de vida más acaudalado que el suyo, no se le debía exigir ningún pago de manutención. Sin embargo, la ley no obra de esa manera. La obligación de hacer pagos de manutención no se extingue cuando el otro padre no necesita dinero.

Maneras de evitar los pagos de manutención

Si el padre con la custodia no pide pagos de manutención ni demanda a usted ante el tribunal, usted por lo general no será obligado a hacer pagos. Sin embargo, si usted no paga, el padre con la custodia puede demandarlo más tarde y pedir más dinero. Los pagos pueden ser calculados de forma retroactiva, y pueden obligarlo a pagar por los años durante los que no hizo pagos.

En términos sencillos, no existe ningún modo de escaparse de hacer pagos de manutención. Muy pocas personas preguntan sin rodeos si pueden evitar completamente la obligación de pagar, pero muchos han pensado en esto. La cuestión se manifiesta en la conducta de las personas—cuando ocultan a propósito sus ingresos o activos, o simplemente no pagan. Las secuelas de dejar de hacer pagos de manutención pueden incluir las siguientes:

◆ Desacato del tribunal. Si un padre o madre viola una orden de un tribunal para hacer pagos de manutención, puede ser considerada en desacato del tribunal. La infracción inicial resultará usualmente en una penalidad de poco monto y una amonestación firme del juez.

◆ Encarcelamiento. La desobediencia voluntaria de una orden para hacer pagos de manutención puede resultar en una sentencia activa a la cárcel y una multa. El plazo de la sentencia puede extenderse hasta que se hagan los pagos ya debidos.

◆ Orden de asignación del sueldo. Una orden de este tipo es emitida por el tribunal y manda que el empleador sustraiga el pago de manutención de las ganancias de un empleado y que luego envíe este pago directamente a la persona que tiene el derecho de recibirla como manutención de niños.

◆ Orden de retención de pago. Los tribunales tienen la facultad de interceptar los reembolsos de los impuestos estatales y federales de personas que deben pagos de manutención.

◆ Revocación de la licencia profesional. En unos pocos estados se permite la revocación de la licencia profesional de una persona que no ha hecho pagos de manutención.

◆ Terminación de los derechos paternales. Si le han ordenado a un progenitor hacer pagos de manutención y este niega voluntariamente hacer los pagos, el otro padre puede procurar que terminen los derechos paternales del primero.

◆ Embargo de bienes o exacción. Si la persona que debe pagos de manutención tiene dinero en un banco o posee propiedades valiosas, el tribunal puede embargar los bienes y dárselos a la persona que tiene el derecho de recibir los pagos.

Maneras de hacer los pagos

Los pagos de manutención por lo general se hacen en forma periódica, sea semanal, bisemanal, bimensual, mensual o trimestral, dependiendo de su día de pago. Por lo general, no se aceptará como manutención de niños la compra de alimentos, ropa y otras cosas que niños necesitan en lugar de hacer los pagos de manutención. Los pagos se pueden hacer de una de las siguientes dos maneras:

> ### Consejo para los padres
>
> *Si el padre con la custodia le dice que no es necesario hacer pagos de manutención, usted deberá obtener de este una declaración escrita al efecto. De otro modo, el padre con la custodia puede acudir al tribunal y pedir que ordene a usted hacer pagos de manutención desde el día de la concepción del hijo.*

1. Los pagos directos. El padre al que se le ordena hacer pagos de manutención puede enviarle pagos directamente al padre que tiene el derecho de recibirlos.

2. Las órdenes de retención del sueldo. Estas pueden ser iniciadas de forma voluntaria por el padre con la obligación de hacer pagos de manutención, o el tribunal puede emitir tales órdenes. Una vez que los fondos son recibidos por la agencia responsable de cobrar los pagos de manutención de niños, esta agencia enviará un cheque al padre que tiene el derecho de recibir el dinero, o depositará los fondos directamente a su cuenta bancaria.

Maneras de cobrar los pagos de manutención

Cuando el padre sin la custodia no ha pagado nada, o ha dejado de pagar una parte, de su obligación de pagos de manutención que el tribunal le ha ordenado pagar, se considera que este se ha atrasado en los pagos. La cantidad debida, además de intereses, se acumula como atraso. Se considera que los atrasos no son adjudicados hasta que el tribunal confirme la cantidad debida. Luego esta cantidad se considera como mora declarada judicialmente, por lo cual el padre con la custodia puede iniciar un proceso legal para cobrar el pago. Usted necesitará un abogado para ayudarlo con el cobro de dinero que usted tiene el derecho de recibir.

El uso indebido de los pagos

Usted puede volver a acudir al tribunal si sospecha que el dinero que usted envía como pagos de manutención no se usa a favor de los niños. En la mayoría de los estados, la persona que recibe los pagos de manutención no tiene ningún deber de llevar la cuenta del uso a favor de los niños, del dinero recibido como manutención de los mismos. Si usted hace una demanda, es poco probable que el juez pueda tomar acción para cambiar la situación. La alegación del uso indebido no es insólita, y con mucha frecuencia, no carece de mérito.

El juez puede sermonear al otro padre sobre usar el dinero por el bien del niño. Si los niños son descuidados y carecen de alimento o ropa, el padre sin la custodia tal vez necesita ponerse en contacto con la agencia de bienestar infantil estatal o del condado. No obstante, esto debe hacerse como último recurso y solamente cuando es justificado, no como represalia ni castigo.

Asistencia económica adicional

En lo general, la obligación de un padre o madre respecto a la manutención de su hijo se limita a la cantidad estipulada en la orden de manutención. Él o ella no tiene la obligación legal de pagar más de lo que el juez ordenó. No obstante, los padres deberán permitir que la conciencia sea su guía, teniendo en cuenta que cualquier asistencia económica adicional será considerada como un regalo y no se permitirá que usted la utilice para reducir la cantidad de pagos debidos.

Terminación de los pagos de manutención

Usted tendrá que hacer pagos de manutención de niños hasta que suceda primero una de los siguientes eventos:

◆ su hijo es emancipado;

◆ un tribunal ordena que usted ya no es capaz de hacer los pagos de manutención;

◆ el niño muere;

◆ usted muere (sin embargo, todavía podrán gravar su patrimonio por este motivo);

◆ sus derechos paternales son terminados;

◆ su hijo alcanza la edad de mayoría y ya no asiste a la escuela secundaria superior;

◆ su hijo se gradúa de la escuela secundaria superior;

◆ su hijo empieza a mantenerse a sí mismo; o,

◆ la condición de terminación ordenada por el tribunal en una orden anterior de manutención de niños.

Sin embargo, tenga presente que su obligación de pagar la manutención no desvanecerá automáticamente. Si usted se encuentra sujeto a una orden para hacer pagos, deberá presentar al tribunal, antes de dejar de pagar, una moción de terminar los pagos. Si usted deja de hacer pagos antes de ese momento, podrá sufrir consecuencias graves.

Modificaciones de los pagos de manutención

La cantidad de pagos de manutención que le ordenan hacer no es inmutable. Esta cantidad puede ser modificada por el tribunal como resultado de un cambio sustancial en sus circunstancias. La cantidad de los pagos de manutención puede readecuarse debido a los siguientes eventos:

◆ Un incremento o disminución considerable en sus ingresos, usualmente el 15%.

◆ Un aumento en las expensas del niño. Por ejemplo, se puede aumentar la cantidad de los pagos de manutención si su hijo necesita aparatos de ortodoncia o rehabilitación debido a un accidente de tránsito.

◆ Usted o el otro padre tiene otro hijo al que usted tiene la responsabilidad de mantener.

Ingresos altos y bajos

Usted no debe, necesariamente, pensar que no tiene otra opción que pagar la cantidad de manutención que sea determinada por las regulaciones de manutención. En ciertos casos usted puede pedir al tribunal que le otorgue una cantidad diferente a la que esta determinada por dichas regulaciones. La mayoría de los jueces se apartarán de las regulaciones cuando los padres tienen ingresos combinados que superan cierta cantidad especificada en la ley (por ejemplo, $150,000 anuales) o ingresos que igualan o no alcanzan el sueldo mínimo.

Los pagos de manutención y los derechos de visita

En muchos casos, el padre con la custodia no permitirá que el padre sin la custodia visite a sus hijos hasta que se hagan los pagos de manutención. También hay casos en los que el padre sin la custodia se niega a hacer los pagos hasta que pueda visitar a su hijo. En ambas situaciones, los padres están equivocados. Los pagos de manutención no son un pago realizado a cambio de ver al niño. Las visitas no son una recompensa de los pagos de manutención. Lo uno, en realidad, no tiene nada que ver con lo otro.

Si usted se encuentra sujeto a una orden de hacer pagos de manutención, usted está obligado a pagar, independientemente de que si se le permite alguna vez ver a su hijo. Si se ordena que usted permita que el otro padre visite a su hijo, usted tiene que permitirlo aunque no reciba ni un centavo para la manutención de su hijo. Si usted desobedece una orden del tribunal, corre el riesgo de ser considerado en desacato del tribunal y posiblemente, ser encarcelado.

Los pagos de manutención y el testamento

No es obligatorio que usted provea para sus hijos en su testamento. Con respecto a sus hijos, está libre para dividir su patrimonio de la manera que usted estime apropiada. Sin embargo, algunos estados requieren que los hijos menores de edad reciban cierta cantidad de su patrimonio.

Procedimientos de quiebra

La protección en casos de quiebra no afecta la obligación de un padre o madre de hacer pagos de manutención de niños. Por ejemplo, si Juan le debe a Lupe $8,000 en pagos atrasados de manutención y él presenta una petición de quiebra, los $8,000 no extinguen por una acción de quiebra. Sin embargo, si Lupe ha iniciado una acción legal de cobrar los $8,000, el proceso de quiebra impedirá, temporalmente, a Lupe proseguir con dicha acción de cobro. El proceso para reanudar la acción de cobro es bastante complicado y requerirá la ayuda de un abogado especializado en casos de quiebra. Aunque la desventaja de la quiebra es que estorbará el procedimiento de cobro, la ventaja de la quiebra es que permitirá una reducción de las deudas del otro padre, lo cual le puede facilitar los pagos de manutención que debe.

Consideraciones tributarias

Por lo general, el progenitor con la custodia física primaria del hijo menor de edad, tiene el derecho de reclamar a este como deducción en los impuestos estatales y federales. A veces los padres acuerdan reclamar a su hijo en años alternados. Esta práctica puede llevar a graves consecuencias tributarias y constituye una violación del reglamento tributario.

Consejo para los padres

En la mayoría de los casos, habrá poca posibilidad de cambiar la cantidad de los pagos de manutención. Las regulaciones pertinentes o la fórmula de los pagos se aplicarán a los sus ingresos y los del otro padre, y la cantidad de los pagos se determinará matemáticamente. Los únicos motivos en discusión serán la exactitud con la que usted o el otro padre informó sobre sus ingresos, y las necesidades de su hijo que requieran una manutención adicional.

Cómo evaluar su situación

Básicamente, usted necesita saber tres cosas a fin de calcular los pagos de manutención:

1. sus ingresos;
2. los ingresos del otro padre; y,
3. las regulaciones de manutención de su estado.

A partir de sus pagos recibidos este año, y del formulario W-2 y declaración de impuestos del año pasado, usted deberá calcular su ingreso bruto. Si usted tiene la custodia, también tendrá una buena idea del costo de los seguros médicos, el cuidado y otras necesidades especiales de su hijo. A menos que usted sepa cuánto gana el otro padre, tendrá que estimarlo. (Refiérase a la sección del presente capítulo sobre "Maneras de determinar el monto de los pagos", además de las regulaciones de manutención en su estado, para más información sobre qué constituye el ingreso, cómo se determina el ingreso neto, etc.)

Una vez que usted ha determinado su ingreso y el del otro padre, necesitará usar esa cifra en las regulaciones de manutención o la fórmula de su estado para calcular la cantidad de los pagos de manutención que probablemente se ordenarán. Ya que cada estado tiene normas y regulaciones diferentes, es imposible dar datos más específicos aquí.

Maneras de procurar la manutención de niños

Si se pide por primera vez una orden de manutención, los ingresos de las partes de la demanda y las regulaciones de manutención determinarán la cantidad de los pagos de manutención.

Maneras de cambiar la cantidad de los pagos de manutención

A fin de aumentar o disminuir los pagos de manutención, la persona que busca el cambio necesitará demostrar que las circunstancias financieras han cambiado desde que se emitió la orden de manutención actual. En la mayoría de los casos, será necesario demostrar que al menos uno de los padres ha experimentado un cambio considerable en sus ingresos. Si usted desea un aumento en los pagos, necesitará demostrar que el ingreso del otro padre ha incrementado o que el suyo ha disminuido. Si usted quiere reducir los pagos de manutención, necesitará demostrar que su ingreso ha disminuido o que el ingreso del otro padre ha aumentado. Si la orden actual superó la tabla regular de pagos de manutención porque su hijo tiene necesidades especiales, un cambio en esas necesidades también puede motivar un cambio en los pagos de manutención.

Ejecución de los pagos de manutención

Todos los estados tienen una agencia estatal designada para ejecutar las órdenes de manutención de niños por parte de padres con la custodia que reciben beneficios de AFDC. En muchos casos, los servicios de cobro de esa agencia también les están disponibles a otros padres con la custodia que piden sus servicios.

La ubicación de padres ausentes. El paradero del padre sin la custodia tiene que ser conocido a fin de ejecutar una orden de manutención. La ubicación del padre sin la custodia puede costar mucho tiempo si este no está empleado. Usted puede intentar localizarlo por medio de su número del Seguro Social y fecha de nacimiento. También puede utilizar los servicios de información de crédito (como por ejemplo, Equifax) y el Internet para buscar al padre sin la custodia.

Información requerida. Para ayudar a su abogado u oficina de pagos de manutención a ubicar a un padre ausente, usted deberá proveer al funcionario los siguientes datos (si los conoce).

◆ El número del Seguro Social del padre ausente. Usted tal vez pueda encontrar esto al revisar los recibos de sueldo, declaraciones de impuestos de ingresos, solicitudes de préstamos, cuentos bancarios de cheques o de ahorros, archivos de seguros médicos o archivos militares.

◆ La dirección postal del padre ausente.

◆ La fecha de nacimiento del padre ausente.

◆ El nombre y el número telefónico del empleador del padre ausente.

◆ Una fotografía o descripción física del padre ausente.

◆ Los nombres de amigos y parientes del padre sin custodia y entidades de las cuales él o ella puede ser miembro.

La defensa de un reclamo de manutención de niños

Si usted ha sido demandado, es muy poco lo que puede hacer para evitar por completo los pagos de manutención. Si usted no cree que el niño sea su hijo, puede disputar la paternidad. Esto usualmente resultará en que le demanden dicha paternidad. (Véase el Capítulo 5.) De otro modo, usted podrá evitar una orden de manutención solamente si los únicos ingresos que recibe son de algún tipo de asistencia social. Véase la sección de este capítulo, "Maneras de determinar el monto de los pagos", para más información sobre las prestaciones de asistencia social que constituyen o no constituyen ingresos para fines de manutención de niños.

En muchos casos, el motivo de discusión será la cantidad de los pagos de manutención. Solamente se pueden presentar tres argumentos:

1. sus ingresos son menores de lo que afirma el otro padre o un informe de un investigador;
2. los ingresos del otro padre realmente son mayores de lo que afirma este o un informe de un investigador;
3. las necesidades especiales del niño son menores de que afirma el otro padre o un informe de un investigador.

En un caso de una solicitud de aumentar o reducir la cantidad de los pagos de manutención, también se puede sostener que no ha ocurrido ningún cambio desde que se emitió la última orden, o que el cambio del ingreso o de la necesidad es tan pequeño que no justifica un cambio en la cantidad de los pagos de manutención.

Capítulo neueve

Extinción de los derechos de paternidad

La extinción de los derechos de paternidad es una acción legal en la corte que termina todos los lazos legales entre el padre y el hijo, y se considera ser una de las acciones más severas que una corte puede ordenar contra un padre o madre. Una vez que se extinguen los derechos de paternidad, no existe manera de revivir los lazos legales entre un padre y su hijo o hija (excepto a través de una adopción). Sin embargo, es muy improbable que una corte apruebe la adopción de un padre cuyos derechos de paternidad fueron extinguidos.

Leyes y procedimientos sobre la extinción de los derechos de paternidad

A pesar que los resultados son severos, los procedimientos para la extinción de derechos de paternidad son bastante comunes en las siguientes situaciones:

- ◆ en procedimientos de adopción donde el padre biológico no da su consentimiento a la adopción o no puede ser ubicado, o
- ◆ en casos severos de abuso o abandono, donde la agencia de protección de la infancia cree que la probabilidad de reunir al niño o niña y a los padres son tan mínimos que el menor debería iniciar el proceso de adopción.

Las acciones legales para la extinción de los derechos de paternidad ganaron muchísima fama en el caso de Gregory K. Él era un joven que contrató a un abogado para que extinguiera sus derechos de paternidad para que la familia que lo criaba lo pudiese adoptar. La ley estatal no permitía que los padres adoptivos o de crianza pudiesen presentar esta acción legal, por lo cual Gregory K. tuvo que presentar esta acción ante la corte en su propio beneficio.

Otro caso de extinción de derechos de paternidad que fue muy publicitado fue uno en el que dos bebés fueron cambiados el uno por el otro al nacer. Cuando una de las niñas enfermó y murió, los padres descubrieron que la niña no les pertenecía. Ellos entonces fueron en busca de su hija, y cuando la encontraron, ella no quiso reunirse con ellos. La menor entonces presentó documentos para extinguir los derechos de paternidad de sus padres biológicos para de esa manera poder permanecer con la familia que la había criado.

La extinción de los derechos de paternidad es un procedimiento civil. Por lo general, el procedimiento se lleva a cabo en una audiencia privada, lo cual quiere decir, a diferencia de la mayoría de los casos, que el público en general no podrá asistir a las audiencias. Una audiencia privada se considera necesaria en los casos de extinción de paternidad debido a que los hechos son sensibles y es necesario proteger la privacidad e identidad de los niños o niñas.

Debido a que las consecuencias de un procedimiento de extinción son severas, la corte puede designar a un abogado para representar a la persona cuyos derechos son los que se requiere sean extinguidos en el proceso. La persona que inicia el procedimiento de extinción deberá probar el caso con evidencia clara y convincente. Este estándar de evidencia es más alto que el estándar tradicional en los casos civiles (llamado una preponderancia de evidencia), debido a que las legislaturas estatales quieren que el proceso para extinguir los derechos de paternidad sea difícil. Por lo general, los procedimientos de extinción serán presididos por un juez, y no por un jurado.

Usted puede recusar o reclamar la decisión del juez. Sin embargo, a menos que el juez de manera clara haya abusado su discreción, no es probable que este recurso tenga éxito.

Quién puede buscar la extinción de derechos de paternidad

Las siguientes personas y organizaciones pueden presentar una acción para la extinción de derechos de paternidad.

◆ La agencia estatal o del condado para la protección de la infancia. Estas agencias tienen la responsabilidad de iniciar la mayoría de los procedimientos para extinción de derechos de paternidad—ya que la protección de menores es su responsabilidad. La agencia de protección de la infancia probablemente tendrá los datos y la evidencia que respaldarían la conclusión de que los derechos de paternidad de una persona deberían ser extinguidos. La agencia inicia el procedimiento para extinguir los derechos de paternidad en casos donde se cree que dicha acción protegería al niño o niña.

◆ Un padre que tiene la custodia de los hijos. El padre quien estuvo cuidando al menor puede presentar la moción para que los derechos de paternidad del otro padre sean extinguidos.

◆ Un tutor ad litem. Este es alguien quien ha sido designado por la corte para representar los mejores intereses del menor y para actuar en beneficio del menor. En la mayoría de las jurisdicciones, no se prohíbe que los niños inicien acciones legales para la extinción de los derechos de paternidad. Sin embargo, los menores por lo general lo hacen a través de la designación de un tutor ad litem o consiguiendo que un adulto actúe a su nombre.

> ### Consejo para los padres
>
> *Las agencias de protección de la infancia por lo general trabajan para ayudar a los padres a cuidar de manera apropiada de sus hijos antes de presentar una acción legal para la extinción de los derechos de paternidad. Es en el interés del estado el restaurar la familia y mantener a los hijos con sus padres.*

◆ Una persona buscando adoptar al niño o niña.

◆ Los abuelos u otros miembros de la familia.

◆ Una persona con conocimiento del hecho alegado en el Reclamo, quien busca la extinción de los derechos de paternidad.

◆ Cualquier persona interesada, o una persona con un interés legítimo en el bienestar del niño o niña.

La mayoría de los estados no permiten que los padres adoptivos o de crianza presenten la acción legal para extinguir los derechos de los padres de los niños. Los niños son colocados con una familia que los cuida y cría para dar a los padres un tiempo para arreglar su situación. Se cree que los padres se resistirían a buscar ayuda si es que creen que podrían perder la custodia de sus hijos a un padre adoptivo o de crianza.

Consejo para los padres

La ley estatal requiere que ciertas bases o circunstancias existan antes de que una persona pueda buscar extinguir los derechos de un padre. Un niño o niña quien no está contento con las reglas que le imponen sus padres no puede presentar una solicitud para que los derechos de sus padres sean extinguidos. Un padre quien no desea pagar la manutención de sus hijos no podrá lograr que extingan sus derechos de paternidad.

Efecto sobre el otro padre

El extinguir los derechos de un padre no tiene ningún efecto sobre los derechos del otro padre, a menos que ambos padres fueron partes en el procedimiento de extinción. Los hechos podrían existir para justificar el extinguir los derechos de un padre, pero no los derechos del otro.

Bases para extinguir los derechos de paternidad

Cada legislatura estatal designa un juego de normas o base legal que respaldará una solicitud para extinguir los derechos de un padre o madre. Por lo general, la ley solamente requerirá que una de las bases sea establecida o probada. Sin embargo, es siempre una buena idea el establecer el mayor número posible de las bases en la lista que sea posible. A veces, el efecto cumulativo de la evidencia puede ayudar en gran manera a establecer que los derechos de un padre deberían ser terminados. Las siguientes son algunas de las bases más comunes para la extinción de los derechos de paternidad.

Abandono. La regla general es que un padre que abandona a su hijo o hija por seis meses o más encara la posibilidad de que sus derechos de paternidad sean extinguidos. El abandono puede ocurrir en dos maneras distintas. El primero se llama abandono físico. Un ejemplo podría ser la situación en la que una pareja se separa y los hijos son colocados bajo la custodia de la madre. El padre es otorgado derechos de visita, y luego de unos pocos meses, el padre deja de visitar a los hijos y simplemente desaparece. Él no llama, no intenta establecer algún arreglo de visitas, ni envía ningún pago para la manutención de los hijos.

La otra manera de abandono se refiere como un abandono constructivo. Una corte explicó este concepto como lo que se lleva a cabo cuando "un padre no está presente y retiene su amor, sus cuidados, y la oportunidad de demostrar afecto filial y además no proporciona ningún tipo de apoyo o manutención a propósito". Aún si usted está físicamente presente, pero no lleva a cabo las funciones de un padre, usted podría ser acusado de haber abandonado a su hijo o hija constructivamente.

El abandono constructivo es una forma de negligencia. Por esta razón, un padre quien tiene a un hijo o hija al cuidado de padres adoptivos o de crianza y no sigue los pasos necesarios para poder lograr que su hijo o hija le sea devuelto, podrían considerarse como habiendo abandonado al niño o niña.

Uno de los principales componentes de ambos tipos de abandono es que la conducta del padre debe ser intencionada. Debe existir alguna evidencia de que la razón por la que el padre no está física o emocionalmente presente para sus hijos es debido a que él o ella no quiere estarlo. Por ejemplo, no es abandono si un padre no tiene conocimiento de donde vive su hijo o hija debido a que el otro padre ha ocultado su ubicación, o si sus recursos limitados no le permiten dar la manutención o visitar. Si un padre o madre hace lo mejor que puede dadas las circunstancias, no es probable que él o ella sea acusado de haber abandonado a su hijo o hija. **No reconociendo la paternidad.** El no reconocer la paternidad hasta dentro de un plazo de seis meses del nacimiento de un niño o niña podría ser una base para extinguir los derechos de paternidad. Sin embargo, antes de que los derechos de un hombre puedan ser extinguidos sobre esta base, se debe comprobar que él sabía o tenía razón para saber que era el padre del niño o niña. **Encarcelamiento.** En algunos estados, el encarcelamiento de uno de los padres es considerado como una razón para extinguir los derechos de paternidad. Sin embargo, en la mayoría de las jurisdicciones, el solamente estar en la prisión no es suficiente motivo. Las cortes consideran tres factores al determinar si el encarcelamiento de uno de los padres sería suficiente para respaldar la extinción de los derechos de paternidad.

1. ¿Cuál fue la situación antes de que el padre fuese a la cárcel? Si un padre no pagó manutención de su hijo o hija, o solamente lo hizo de manera esporádica y visitó con muy poca frecuencia anterior a su encarcelamiento, es más probable que el encarcelamiento será considerado como abandono y que un juez tenga la inclinación de extinguir los derechos de paternidad. Sin embargo, si un padre o madre tenía una presencia consistente y positiva en la vida del niño o niña antes de ir a la cárcel, no es probable que una corte extinga los derechos de ese padre o madre en base a su encarcelamiento.

2. ¿Cuál es la disposición del padre o madre de rehabilitarse y comportarse en una manera que refleje su preocupación por el mejor interés de su hijo o hija? Si existe una situación en la que un padre o madre tiene un incidente aislado de encarcelamiento, es liberado de la cárcel, y se comporta de manera adecuada, es muy poco probable que se extingan sus derechos de paternidad en base a su encarce-

lamiento. Sin embargo, si el padre o madre es un criminal profesional y tiene ofensas repetidas contra la ley y no muestra ninguna predisposición o interés en convertirse en un ciudadano respetuoso de las leyes, la corte muy probablemente extinguirá sus derechos de paternidad.

3. ¿Cuál es la duración de la sentencia de encarcelamiento del padre o madre? Cuanto más larga sea la sentencia que recibió el padre o madre, mayor es la probabilidad de que la corte extinga los derechos de paternidad. Si se recibió una sentencia de por vida sin la posibilidad de libertad bajo fianza, es difícil imaginar cómo un padre o madre podría considerarse como no habiendo abandonado a sus hijos. Sin embargo, una sentencia de corta duración podría no ser suficiente para respaldar una conclusión para la extinción de los derechos de paternidad.

Incapacidad mental. La discapacidad o incapacidad mental puede presentarse en la forma de una enfermedad mental o de retraso mental, y debe existir al punto que el padre o madre no pueda cuidar del niño o niña. La mayoría de los estados no requieren que la persona sea determinada como incompetente por una corte legal o que tenga una condición que sea universalmente reconocida en la comunidad psiquiátrica. En los procedimientos de extinción, las cortes se enfocan en la habilidad del padre o madre de cuidar a sus hijos. Por lo general existe un requisito de que la incapacidad mental sea una condición permanente, o una condición que no tenga mucha probabilidad de cura o corrección en el futuro inmediato.

El establecer una condición de discapacidad mental por lo general requerirá del testimonio experto de un psiquiatra o psicólogo. Solamente el testimonio de un trabajador social o del otro padre no es suficiente.

Negligencia. Las acusaciones de negligencia se enfocan más en la condición de los niños que en cualquier conducta específica de los padres. Por ejemplo, la adicción a las drogas de uno de los padres por si sola no es suficiente para extinguir los derechos de paternidad. Sin embargo, cuando la adicción afecta de manera negativa a la habilidad del padre o de la madre para cuidar por sus hijos, ésta se convierte en negligencia y puede resultar en la extinción de los derechos de paternidad. Casi todas las solicitudes para extinguir los derechos de paternidad incluirán alegaciones de abandono. La negligencia ha sido utilizada para respaldar una conclusión que los derechos de paternidad deberían ser terminados en base a las siguientes alegaciones.

◆ Uno de los padres no proveyó la manutención de los hijos requerida por una orden de la corte. Se espera que los padres utilicen los recursos financieros a su disposición para mantener a sus hijos.

◆ Uno de los padres permitió que los niños pequeños permanezcan en su hogar solos por varias horas en la noche cuando él o ella salió con sus amigos.

◆ Uno de los padres no proveyó a sus hijos con alimentos y abrigo adecuados, y a menudo envió a sus hijos a la escuela sin un abrigo durante los meses de invierno, o sin dinero para su almuerzo, por ejemplo.

◆ Un padre o una madre no logró proteger a sus hijos del abuso del otro padre.

Abuso. Tanto el abuso físico como el abuso sexual son ambos considerados como base para la extinción de los derechos de paternidad. En muchas jurisdicciones, una instancia aislada de abuso, si es lo suficientemente extrema, puede respaldar una conclusión de que los derechos de paternidad deberían ser extinguidos.

Debido a la severidad y gravedad de estas alegaciones, los cortes por lo general intervienen de manera más rápida que en otros casos, para proteger a los niños de un peligro futuro. Esto es especialmente relevante cuando se presenta testimonio de que el padre o madre no tiene mucha probabilidad de beneficiarse o no se ha beneficiado de servicios de consejería o ayuda psicológica, o no ha tomado los pasos necesarios para minimizar futuros abusos.

Defensas

La mejor manera de defenderse contra una acción legal para la extinción de derechos de paternidad es demostrando a la corte que el extinguir los derechos de paternidad tendrá un efecto adverso o negativo en el niño o la niña. Proporcione evidencia de una relación plena de afecto entre el padre y el hijo o hija, a pesar de cualquier evidencia que podría haber a lo contrario. Por ejemplo, un padre o madre quien no ha pagado sus obligaciones de manutención puede argumentar que él o ella ha visitado a su hijo o hija con regularidad y que ha sido una influencia positiva en la vida del menor.

Un padre o una madre cuyos derechos son materia de extinción podría demostrar que ha habido un cambio significativo desde el momento en que el Reclamo o solicitud fue presentado a la corte. Por ejemplo, un padre podría presentar evidencia de su rehabilitación de las drogas o haber corregido cualquiera hubiese sido el problema que existió antes de y en el momento en que se presentó la solicitud. En este caso, es una buena idea tener el testimonio de expertos o peritos quienes corroborarían el cambio y testificarían declarando la improbabilidad de que este comportamiento se volviese a presentar.

La mejor defensa en contra de una acción legal para la extinción de derechos de paternidad podría ser una presentación en un atuendo o traje serio y una historia conmovedora. Las cortes son reacias a extinguir los derechos de paternidad y por lo general buscan rezones para no ordenar esta extinción. Si usted puede convencer al juez de su amor por sus hijos y su compromiso futuro para cuidar de ellos, usted seguramente podrá convencer al juez que no extinga sus derechos.

La sentencia de la corte

El juez quien preside los procedimientos para la extinción de los derechos de paternidad debe encontrar las siguientes dos cosas:

1. que la persona quien presentó la solicitud ha establecido las bases citadas en el estatuto, y
2. que extinguir los derechos de paternidad será en los mejores intereses del niño o niña.

Si ambos de estos elementos no están presentes, el juez entonces no tiene la autoridad para extinguir los derechos de paternidad. Las cortes son otorgadas la discreción para tomar esta decisión, pero aún si sienten que el extinguir los derechos de paternidad es en el mejor interés del niño o niña, ellos no pueden extinguir los derechos del padre o madre a menos que por lo menos una de las bases haya sido probada. De manera parecida, si la extinción no es en el mejor interés del niño o niña, el juez no puede proceder con la extinción, aún si las bases han sido comprobadas.

Las cortes tienen una mayor probabilidad de extinguir los derechos de paternidad de un padre o madre en situaciones donde alguien está esperando para adoptar al menor, ya sea si ésta es una adopción por parte de padrastros o una adopción privada. La corte no desea dejar a los niños sin un padre, ni quiere condenarlos a una vida en el sistema de cuidado o crianza de niños a cargo del estado.

Una vez que se ingresa la orden final que extingue los derechos de los padres, la misma termina la obligación de los padres de pagar la manutención de sus hijos y extingue su derecho de visitas o su derecho a establecer una relación con sus hijos. El consentimiento del padre cuyos derechos se extinguieron ya no será necesario para la adopción de su niño o niña. Este procedimiento también extingue los derechos de los padres de heredar de sus hijos. Sin embargo, en la mayoría de las jurisdicciones el menor todavía tendrá el derecho de heredar de sus padres aún si los derechos de paternidad han sido extinguidos, a menos que el niño o niña haya sido adoptado o llegue a su mayoría de edad.

Acerca del autor

Jacqueline D. Stanley obtuvo su licenciatura (BA degree) de Salisbury State College y su Doctorado en Derecho de Wake Forest University. Ha escrito varios libros para Sphinx Publishing, incluyendo *File for Divorce in North Carolina* (Presentando una demanda de divorcio en North Carolina), *Landlords' Rights and Duties in North Carolina* (Derechos y obligaciones del casero en North Carolina), and *Start a Business in North Carolina or South Carolina* (Comienze un negocio en North Carolina y South Carolina). Actualmente se encuentra escribiendo más artículos y libros en Greensboro, North Carolina.